손에 잡히는 경전시리즈 【15】 시경 2 소아

- **초판인쇄** 2016년 8월 19일
- **초판발행** 2016년 8월 24일
- **번역** 김수길 윤상철　**편집** 이연실
- **교정** 대유연구소(안영탁 남영순 황상희 김시연 윤치훈)
- **발행인** 윤상철　　　**발행처** 대유학당
- **출판등록** 2002년 4월 17일　제305-2002-28호
- **주소** 서울 동대문구 휘경동 258 서신빌딩 402호
- **전화** (02)2249-5630~1
- **홈페이지** http//www.daeyou.net 대유학당

- 여러분이 지불하신 책값은 좋은 책을 만드는데 쓰입니다.
- ISBN 978-89-6369-066-7
- **값 10,000원**

「이 도서의 국립중앙도서관 출판예정도서목록(CIP)은
　서지정보유통지원시스템 홈페이지(http://seoji.nl.go.kr)와
　국가자료공동목록시스템(http://www.nl.go.kr/kolisnet)에서
　이용하실 수 있습니다.(CIP제어번호: CIP2016018603)」

시경 2 소아
목차(80수)

- 일러두기 3
- 시경의 구성 5

1. 鹿鳴　9
鹿鳴 사슴 소리　11
四牡 네 마리의 수말　13
皇皇者華 찬란한 꽃　16
常棣 산앵두꽃　18
伐木 나무를 벰　21
天保 하늘의 보호　24
采薇 고사리를 캠　28
出車 전차를 출동하다　32
杕杜 아가위나무　36
南陔 남해　38

2. 白華　39
白華 백화(흰 꽃)　41
華黍 화서(기장 꽃)　41
魚麗 물고기가 잡히다　42
由庚 유경　43
南有嘉魚 강남의 맛진 고기　44
崇丘 숭구　45
南山有臺 남산의 향부자　46
由儀 유의　48
蓼蕭 다북쑥　49
湛露 방울방울 내린 이슬　51

2. 彤弓　53
彤弓 붉은 활　55
菁菁者莪 무성한 다북쑥　57
六月 유월　59
采芑 쓴 나물을 캠　63
車攻 튼튼한 전차　67
吉日 좋은 날　70
鴻雁 기러기　72
庭燎 정원의 횃불　74
沔水 넘실대는 물　76
鶴鳴 학이 울면　78

4. 祈父　81
祈父 기보　83
白駒 흰 망아지　85
黃鳥 꾀꼬리　88
我行其野 들에 나가니　90
斯干 물가　92
無羊 양이 없다 하는가　97
節南山 높이 솟은 남산　100
正月 정월(4월)　106
十月之交 시월이 되면　114
雨無正 제멋대로 내리는 비　120

5. 小旻　125

- 小旻 자애로운 하늘　127
- 小宛 작은 새　131
- 小弁 즐거운 갈가마귀　134
- 巧言 교묘한 참언　140
- 何人斯 누구인가?　144
- 巷伯 환관　148
- 谷風 동녘 바람　151
- 蓼莪 쑥쑥 크는 다북쑥　153
- 大東 동쪽의 큰 제후국　156
- 四月 사월　161

6. 北山　165

- 北山 북산　167
- 無將大車 큰수레 밀어주지 마오　170
- 小明 밝으신 하느님　172
- 鼓鍾 종치는 소리　176
- 楚茨 무성한 가시나무　178
- 信南山 믿음직한 남산　184
- 甫田 큰 밭　188
- 大田 넓고 큰 밭　192
- 瞻彼洛矣 낙수를 바라보니　195
- 裳裳者華 당당하고 화려한 꽃　197

7. 桑扈　201

- 桑扈 종달새　203
- 鴛鴦 원앙새　205
- 頍弁 고깔　207
- 車舝 수레 빗장　210
- 青蠅 쉬파리　213
- 賓之初筵 손님과 취하기 전엔　215
- 魚藻 마름풀에 있는 물고기　221
- 采菽 콩을 땀　223
- 角弓 뿔장식 활　227
- 菀柳 우거진 버들　230

8. 都人士　233

- 都人士 왕도의 훌륭한 인사　235
- 采綠 조개풀을 뜯다　238
- 黍苗 기장싹　240
- 隰桑 습지의 뽕나무　242
- 白華 들에 난 골풀　244
- 綿蠻 꾀꼴꾀꼴　247
- 瓠葉 박잎　250
- 漸漸之石 높고 험한 바위　252
- 苕之華 능소화　254
- 何草不黃 어느 풀인들 시들지 않으랴　256

부록

- ■ 찾아보기　258
- ■ 작시연대표　283
- ■ 언해본과 일반적인 음 비교　287

일러두기

① 이 책은 손에 잡히는 경전 시리즈의 14~16번째 책으로 총 3권으로 되어 있다. 1권은 「국풍」, 2권은 「소아」, 3권은 「대아」·「송」의 내용을 실었다.
② 시의 해석은 조금 딱딱해 보이더라도 원문에 충실하자는 원칙을 세워서, 될 수 있는 대로 의역을 피하고 직역을 하였다.
③ 시경의 음은 매우 중요한 가치가 있다. 몇몇 글자는 현재 우리가 보편적으로 사용하고 있는 사전의 음과 차이가 있다. 옛 음에 가깝게 하기 위하여 조선시대에 간행된 언해본(庚辰新刊 內閣藏板)을 기준으로 맞췄으며, 현재 사용되는 음은 괄호 안에 넣었고, 음이 다르게 읽히는 경우는 부록에 실었다.
④ 평상운과 격구운(隔句韻)은 아래와 같이 다른 색으로 표시하였다.
   예) 평상운 關關雎鳩
   예) 격구운 施于中谷
⑤ 한자풀이는 해석에 맞는 것으로 선택해서 실었다.
⑥ 부록에는 「소아」의 모든 구를 색인하여 찾아보기 쉽게 하였고, 같은 시에서 여러 번 나온 경우는 맨 앞 페이지만 기록하였다.

각 시는 다음과 같이 구성되어 있다. 맨 윗줄에는 편명, 순서, 시제목을, 그 밑에는 시에 대한 간단한 해설이 실려 있다. 시의 원편에는 절과 '흥·부·비'를, 시에는 토와 정음을 달고 운표시를 하고, 시 해석부분에는 한자 풀이를 넣었다.

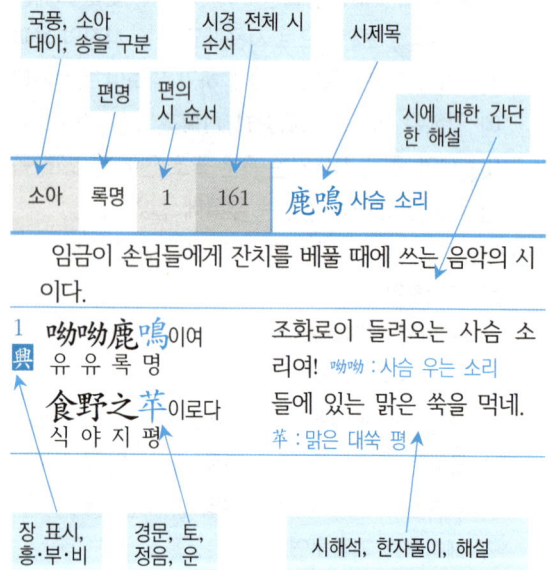

『시경』의 구성

크게 나누어 風, 雅(대아·소아), 頌으로 되어 있다. 총 311편이나 소아의 6수가 산일되어 현재는 305수가 남아 있다. 이 책에서는 1권은 국풍편, 2권은 소아, 3권은 대아송의 내용을 실었다.

【1권】 국풍

		편명	수	비고
1	風(國風) 나라의 풍속을 읊음		160	시번호
	1	周南 주남	11	1-11
	2	召南 소남	14	12-25
	3	邶風 패풍	19	26-44
	4	鄘 용	10	45-54
	5	衛 위	10	55-64
	6	王 왕	10	65-74
	7	鄭 정	21	75-95
	8	齊 제	11	96-106
	9	魏 위	7	107-113
	10	唐 당	12	114-125
	11	秦 진	10	126-135
	12	陳 진	10	135-145
	13	檜 회	4	146-149
	14	曹 조	4	150-153
	15	豳 빈	7	154-160

【2권】 소아

2	小雅 잔치할 때 불리던 음악		80수	시번호
	1	鹿鳴 녹명(1수 산일)	10	161-170
	2	白華 백화(5수 산일)	10	171-180
	3	彤弓 동궁	10	181-190
	4	祈父 기보	10	191-200
	5	小旻 소민	10	201-210
	6	北山 북산	10	211-220
	7	桑扈 상호	10	221-230
	8	都人士 도인사	10	231-240

【3권】 대아 · 송

3	大雅 조회할 때 불리던 음악		31수	시번호
	1	文王 문왕	10	241-250
	2	生民 생민	10	251-260
	3	蕩 탕	11	261-271

4	頌 종묘와 제례에 쓰던 음악			40수	시번호
	1	周頌	1	淸廟 청묘	10	272-281
			2	臣工 신공	10	282-291
			3	閔予小子 여민소자	11	292-302
	2	魯頌	1	魯頌 노송	4	303-306
	3	商頌	1	商頌 상송	5	307-311

小雅二) 소아 이

 간접적이고 풍자적으로 말함으로써 말 밖에서 뜻을 찾는 것이 풍체風體이고, 명백하고 정대正大하게 직접적으로 말하는 것이 아체雅體이다.
 '아雅'는 바르고 큰 음악(正樂)이라는 뜻이다. 천자가 다스려서 흥하거나 망하게 되는 까닭을 제후와 일반 백성들에게 알리는 것이 아의 역할이다. 이러한 정치에는 큰 정치의 방법과 작은 정치의 방법이 있으므로 「대아」와 「소아」로 나눈다.
 즉 「대아大雅」는 조회나 제례 때의 음악으로, 다스리고 경계하는 말로 되어 있으며, 공경하고 장중함을 갖추어 선왕의 덕을 나타낸 음악이다. 이는 순수한 아체雅體로 되어 있어서 직설적이다.
 또 「소아小雅」는 연회 때 연주하는 음악으로, 기뻐하고 즐거워하는 등 서로간의 정을 표현한 것이 많으며, 아체에 풍체風體가 섞여 있기 때문에 가사의 길이가 같지 않고 음절 또한 다른 것이 많다.
 『시경』의 「소아」는 8편으로 되어 있고, 각 편마다 10수씩 있으므로 총 80수가 수록되어 있다.

---

1) 여기서 '이'는 「국풍」에 이어 두 번째 책이라는 것이다

鹿鳴什 二之一[2] (녹명, 이지일)

아雅와 송頌은 시를 채집한 나라의 구별 없이 10수를 1편으로 정하였다. 이는 공자가 정한 것으로, '십什'이라고 한 것은 군법軍法에서 10인을 십什이라고 했던 것에서 연유한다.

1. 鹿鳴 사슴 소리
2. 四牡 네 마리의 수말
3. 皇皇者華 찬란한 꽃
4. 常棣 산앵두꽃
5. 伐木 나무를 벰
6. 天保 하늘의 보호
7. 采薇 고사리를 캠
8. 出車 전차를 출동하다
9. 杕杜 아가위나무
10. 南陔 남해

---

2) 二之一 즉 '2의 1'이라고 한 것은, 앞의 2는 「소아」라는 뜻이고, 뒤의 1은 「소아」 중에 첫 번째 편(「녹명」)이라는 것이다.

| 소아 | 녹명 | 1 | 161 | 鹿鳴 사슴 소리 |

임금이 신하 및 손님들에게 잔치를 베풀 때에 쓰는 음악의 시이다.

1 興

呦呦鹿鳴이여
유 유 록 명

유우 유우! 사슴 소리여!
呦呦 : 사슴 우는 소리

食野之苹이로다
식 야 지 평

들에 있는 맑은 쑥을 먹네.
苹 : 맑은 대쑥 평

我有嘉賓하야
아 유 가 빈

내 아름다운 손님 계시어 (오시어)
嘉賓 : 잔치의 손님 혹은 사신

鼓瑟吹笙호라
고 슬 취 생

비파 타고 생황을 부네.

吹笙鼓簧하야
취 생 고 황

생황 불어 황을 울리며

承筐是將호니
승 광 시 장

폐백 광주리 받들어 예물 돌리니 將 : 행할 장

人之好我ㅣ
인 지 호 아

날 사랑하는 님

示我周行이엇다
시 아 주 행

나에게 큰 도道를 알려주오.
周行 : 대도大道

2 興

呦呦鹿鳴이여
유 유 록 명

유우 유우! 사슴 소리여!

食野之蒿로다
식 야 지 호

들에 있는 개사철 쑥 먹네.
蒿 : 푸른 쑥 호

我有嘉賓호니
아 유 가 빈

내 아름다운 손님 계시어

11

德音孔昭하야
덕 음 공 소
덕있는 말씀이 매우 밝아

視民不恌니
시 민 부 조
본보기 보이시어 백성들 경박하지 않으니 恌 : 경박할 조

君子是則是傚로다
군 자 시 측 시 효
군자들이 법 받고 본을 삼네.
則 : 본받을 측(칙)   傚 : 본받을 효

我有旨酒호니
아 유 지 주
나에게 맛있는 술 있으니

嘉賓式燕以敖로다
가 빈 식 연 이 오
아름다운 손님 잔치하며 즐겁게 하네.   敖 : 즐겁게 놀 오

3典 呦呦鹿鳴이여
유 유 록 명
유우 유우! 사슴 소리여!

食野之芩이로다
식 야 지 금
들에 있는 황금 풀 먹네.

我有嘉賓하야
아 유 가 빈
나에게 아름다운 손님 계시어

鼓瑟鼓琴호니
고 슬 고 금
비파 타고 거문고를 타니

鼓瑟鼓琴이여
고 슬 고 금
비파 타고 거문고를 연주함이여!

和樂且湛이로다
화 락 차 담
화락하고 또 오래오래 즐겁다네.   湛 : 즐길 담

我有旨酒하야
아 유 지 주
내 맛있는 술 두어서

以燕樂嘉賓之心이로다
이 연 락 가 빈 지 심
아름다운 손님의 마음 편안하고 즐겁게 하네.

| 소아 | 녹명 | 2 | 162 | 四牡 네 마리의 수말 |

문왕이 사신을 위로하는 시로, 먼 나라에 사신 갔다가 온 신하의 노고를 노래하였다.

1 賦

四牡騑騑하니
사 모 비 비
네 마리 수말 다가닥 다가닥 달리니 騑 : 말 계속 달리는 모양 비

周道倭遲로다
주 도 위 지
주나라 길 굽이굽이 멀기도 해라. 倭遲 : 빙 돌아서 먼 모양

豈不懷歸리오마는
기 불 회 귀
어찌 집으로 돌아갈 생각을 않을까마는

王事靡盬라
왕 사 미 고
나랏일 굳건히 하지 않을 수 없는지라 盬 : 무를 고

我心傷悲호라
아 심 상 비
내 마음이 상하고 슬프네.

2 賦

四牡騑騑하니
사 모 비 비
네 마리 수말 다가닥 다가닥 달리니

嘽嘽駱馬로다
탄 탄 락 마
무성한 검은 갈기의 흰말이라네. 嘽 : 많을 탄

豈不懷歸리오마는
기 불 회 귀
어찌 집으로 돌아갈 생각 않을까마는

王事靡盬라
왕 사 미 고
나랏일 굳건히 하지 않을 수 없는지라

不遑啓處호라
불 황 계 처
편히 앉아 쉴 수 없네.
遑 : 겨를 황 啓 : 편히 앉을 계

3 興

翩翩者鵻여
편 편 자 추
훨훨 나는 비둘기여!
翩 : 펄렁일 편 鵻 : 비둘기 추

載飛載下하야 재 비 재 하	날아오르고 또 내려와서
集于苞栩로다 집 우 포 호	우거진 참나무에 모여 앉았네. 栩:상수리나무 호(허/후)
王事靡盬라 왕 사 미 고	나랏일 굳건히 하지 않을 수 없는지라
不遑將父호라 불 황 장 부	아버님 봉양할 겨를 없네.

4 興

翩翩者鵻여 편 편 자 추	훨훨 나는 비둘기여!
載飛載止하야 재 비 재 지	날아오르고 또 멈추어서
集于苞杞로다 집 우 포 기	우거진 구기자나무에 모여 앉았네. 杞:구기자나무 기
王事靡盬라 왕 사 미 고	나랏일 굳건히 하지 않을 수 없는지라
不遑將母호라 불 황 장 모	어머님 봉양할 겨를 없네.

5 賦

駕彼四駱하야 가 피 사 락	저 네 마리 갈기 검은 흰 말에 멍에 메워
載驟駸駸호니 재 취 침 침	다가닥 다가닥 빨리 달리니 駸:빨리 달리는 모양 침
豈不懷歸리오 기 불 회 귀	어찌 돌아갈 생각 아니 할까?
是用作歌하야 시 용 작 가	이 노래를 지어서

將母來諗하노라
장 모 래 심

"어머님 봉양하겠다."고 임금님께 고하였네. 諗:고할 심

소아 녹명 四牡

| 소아 | 녹명 | 3 | 163 | 皇皇者華 찬란한 꽃 |

임금이 사신을 보낼 때 위로하며 부르는 시이다.

1 興 **皇皇者華**여
황 황 자 화

황황하게 찬란한 꽃이여!

于彼原隰이로다
우 피 원 습

저 언덕과 습지에 피었네.

駪駪征夫여
선 선 정 부

많고 빠르게 떠나가는 사신의 행렬이여! 駪:많을 선(신)

每懷靡及이로다
매 회 미 급

항상 (임금의 뜻에) 미치지 못할까 염려 하네.

2 賦 **我馬維駒**니
아 마 유 구

내 말은 오직 조랑말인데

六轡如濡로다
육 비 여 유

여섯 고삐가 곱게 윤이 나네.

載馳載驅하야
재 치 재 구

곧 달리고 몰아서

周爰咨諏하놋다
주 원 자 추

두루두루 자문 받고 일을 상의하네. 咨:자문할 자, 諏:꾀할 추

3 賦 **我馬維騏**니
아 마 유 기

내 말은 오직 검푸른 말인데

六轡如絲로다
육 비 여 사

여섯 고삐 실같이 가지런하네. 如絲:가지런함

載馳載驅하야
재 치 재 구

곧 달리고 몰아

	周爰咨謀하놋다 주 원 자 모	두루두루 자문 받고 모의하네.
4 賦	我馬維駱이니 아 마 유 락	내말은 오직 검은 갈기의 흰 말인데
	六轡沃若이로다 육 비 옥 약	여섯 고삐 기름칠한 듯 윤이 나네.
	載馳載驅하야 재 치 재 구	곧 달리고 몰아
	周爰咨度하놋다 주 원 자 탁	두루두루 자문 받고 헤아리네. 度:헤아릴 탁
5 賦	我馬維駰이니 아 마 유 인	내말은 오직 오총이 말인데 駰:오총이 말 인
	六轡旣均이로다 육 비 기 균	여섯 고삐 이미 고르네.
	載馳載驅하야 재 치 재 구	곧 달리고 몰아서
	周爰咨詢하놋다 주 원 자 순	두루두루 자문 받고 헤아리네.

소아 녹명 皇皇者華

| 소아 | 녹명 | 4 | 164 | 常棣 산앵두꽃 |

관숙管叔과 채숙蔡叔의 난을 겪은 뒤에, 형제끼리 잔치를 하며 우애있기를 바라며 부르는 노래이다. 7장과 8장의 "妻子好合 如鼓瑟琴 兄弟既翕 和樂且湛(耽) 宜爾室家 樂爾妻帑"은 『중용』「15장」에 인용되었다.

1 興

常棣之華여
상 체 지 화

산앵두꽃이여!
棣 : 산앵두나무 체

鄂不韡韡아
악 불 위 위

그 꽃받침(本) 아름답지 않은가? 鄂 : 꽃받침 악(≒萼) 韡 : 빛날 위

凡今之人은
범 금 지 인

세상 사람들 중에

莫如兄弟니라
막 여 형 제

형제만한 이 없다네.

2 賦

死傷之威에
사 상 지 위

죽을 고비의 두려움 속에서도 威 : 두려워할 위(≒畏)

兄弟孔懷하며
형 제 공 회

형제는 서로 지극히 생각하며

原隰裒矣에
원 습 부 의

언덕과 습지에 (죽고 다친 사람이) 널려있더라도 裒 : 많을 부

兄弟求矣하나니라
형 제 구 의

형제는 서로 찾는다네.

3 興

脊令在原하니
척 령 재 원

할미새 언덕에 있으니 脊令 : 할미새(머리와 꼬리가 응하는 새)

兄弟急難이로다
형 제 급 난

형제가 난을 당함에 (머리와 꼬리가 되어) 급히 돕네.

每有良朋이나 매 유 량 붕	항시 어진 벗은 있겠지만
況也永歎이니라 황 야 영 탄	다만 길게 탄식만 할 뿐이라네. 況也: 발어사
4 賦 **兄弟鬩于墻**이나 형 제 혁 우 장	형제가 집 담장 안에선 싸울지라도 鬩: 싸울 혁
外禦其務니라 외 어 기 모	바깥에선 업신여기는 이 막는다네. 務: 업신여길 모(=侮)
每有良朋이나 매 유 량 붕	항시 어진 벗은 있지만
烝也無戎이니라 증 야 무 융	도움이 없다네. 烝也: 발어사 戎: 도울 융(=相), 보좌할 융
5 賦 **喪亂旣平**하야 상 란 기 평	환난 이미 없어져
旣安且寧하면 기 안 차 녕	편안하고 또 편안해지면
雖有兄弟나 수 유 형 제	비록 형제 있지만
不如友生이로다 불 여 우 생	친구를 사귐만 못하다고 하네
6 賦 **儐爾籩豆**하야 빈 이 변 두	좋은 음식을 차려놓고 儐: 차려놓을 빈
飮酒之飫라도 음 주 지 어	술을 실컷 마셔도 飫: 물릴 어
兄弟旣具라야 형 제 기 구	형제가 모두 있어야

소아 녹명

常棣

和樂且孺니라 화 락 차 유	화락하고 또한 친애한다네. 孺 : 사모할 유
<u>7</u> 賦 妻子好合이 처 자 호 합	처와 자식이 좋게 화합함이 帑 : 처자 노
如鼓瑟琴이라도 여 고 슬 금	거문고와 비파 타는 것 같더라도
兄弟旣翕이라야 형 제 기 흡	형제가 화합해야
和樂且湛이니라 화 락 차 담	화락하고 또 오래도록 즐거운 것이라네. 湛 : 즐길 담
<u>8</u> 賦 宜爾室家하며 의 이 실 가	네 집안의 화목과
樂爾妻帑를 락 이 처 노	네 처자식의 화락함을 帑 : 처자 노
是究是圖면 시 구 시 도	꾀하기를 다한다면
亶其然乎인져 단 기 연 호	참으로 그렇게 화목할 것이라네. 亶 : 진실로 단

| 소아 | 녹명 | 5 | 165 | 伐木 나무를 벰 |

친구 및 친지들과 잔치할 때에 쓰는 노래이다.

1 興

伐木丁丁이어늘
벌목정정

도끼로 벌목하는 소리 탕탕 울리는데

鳥鳴嚶嚶하나니
조명앵앵

앵앵 지저귀는 새소리 화락도 하네 嚶: 새소리 앵(영)

出自幽谷하야
출자유곡

깊숙한 골짜기로부터 빠져나와 幽谷: 깊은 골짜기

遷于喬木하놋다
천우교목

높은 나무로 옮겨갔네.

嚶其鳴矣여
앵기명의

앵앵 지저귀는 그 소리여!

求其友聲이로다
구기우성

벗을 찾는 소리라네.

相彼鳥矣혼대
상피조의

저 새들을 살펴보니

猶求友聲이온
유구우성

오히려 벗의 소리 찾는데

矧伊人矣딴
신이인의

하물며 사람이

矧: 하물며 신

不求友生가
불구우생

벗을 찾지 않을까?

神之聽之하야
신지청지

신께서 들으시어

終和且平이니라 종 화 차 평	끝까지 화락하고 또 평화롭게 하시리.
2 伐木許許어늘 興 벌 목 호 호	어영차어영차 나무를 베는데 許:어영차 호
釃酒有藇로다 시 주 유 서	잘 걸러진 막걸리가 맛있네. 釃:거를 시 藇:아름다울 서
既有肥羜하야 기 유 비 저	이미 살찐 새끼 양 있어 羜:새끼 양 저
以速諸父호니 이 속 제 부	여러 아비들을 부르니 速:부를 속
寧適不來언정 영 적 불 래	마침 오시지 않은 분 있을지언정
微我不顧니라 미 아 불 고	내가 돌보지 않은 것 아니네. 微:아닐 미
於粲洒埽요 오 찬 쇄 소	오! 깨끗하게 물 뿌려 청소하고 洒:물뿌릴 쇄(≒灑)
陳饋八簋호라 진 궤 팔 궤	여덟 대그릇에 음식을 진열했네.
既有肥牡하야 기 유 비 모	이미 살찐 수소 있어
以速諸舅호니 이 속 제 구	마을의 나이 많은 분들 부르니
寧適不來언정 영 적 불 래	마침 오시지 않은 분 있을지언정
微我有咎니라 미 아 유 구	내가 허물이 있는 것 아니네.

3
典

伐木于阪이어늘
벌 목 우 판

산비탈에서 나무를 베는데

釃酒有衍이로다
시 주 유 연

거른 술이 많기도 하네.

釃 : 거를 시 衍 : 많을 연

籩豆有踐하니
변 두 유 천

대그릇에 음식을 담아 진열하니 踐 : 진열한 모양

兄弟無遠이로다
형 제 무 원

(의리 상에서) 멀리 간 형제가 없네.

民之失德은
민 지 실 덕

사람의 덕 잃음은

乾餱以愆이니
간 후 이 건

마른 밥 한술에 허물을 짓는다네. 乾餱 : 마른 밥(박한 대접)

有酒湑我며
유 주 서 아

술이 있으면 내가 거르고

湑 : 술거를 서

無酒酤我며
무 주 고 아

술이 없으면 내가 사며

酤 : 술 살 고

坎坎鼓我며
감 감 고 아

내가 둥둥 북을 치고

坎坎 : 북치는 소리

蹲蹲舞我하야
준 준 무 아

내가 덩실덩실 춤을 춰서

蹲蹲 : 춤추는 모습

迨我暇矣하야
태 아 가 의

내 여가 있을 때에

迨 : 미칠 태, 이를 태

飮此湑矣로리라
음 차 서 의

이 거른 술을 마시려네.

소아 녹명 伐木

| 소아 | 녹명 | 6 | 166 | **天保** 하늘의 보호 |

「녹명鹿鳴」 이하의 다섯 시(녹명, 사모, 황황, 상체, 벌목)는 임금이 신하에게 잔치를 베풀고 폐백을 하사하는 노래이다.

이 「천보」시는 하사를 받은 신하들이 임금에게 답하는 노래이다.

1
賦

天保定爾 |
천 보 정 이

하느님께서 당신(임금)을 안정시키심이

亦孔之固샷다
역 공 지 고

또한 매우 견고하네.

俾爾單厚어시니
비 이 단 후

당신의 모든 것을 풍후하게 만드시니 單:모두 단

何福不除리오
하 복 부 제

무슨 복인들 새로 나지 않을까? 除:옛 것을 없애고 새로 만듦

俾爾多益이라
비 이 다 익

당신께 이익되는 일을 많이 만드시니

以莫不庶로다
이 막 불 서

(이로운 일) 한두 가지 아니라네.

2
賦

天保定爾하사
천 보 정 이

하느님께서 당신을 안정시키시어

俾爾戩穀이샷다
비 이 전 곡

당신의 모든 것을 다 좋게 만드셨네. 戩:모두 전 穀:선할 곡

罄無不宜하야
경 무 불 의

마땅하지 않은 것 없어
罄:다할 경

受天百祿이어시늘 수 천 백 록	하늘의 모든 복을 받으시니
降爾遐福하사되 강 이 하 복	하느님께서 당신께 영원한 복을 내리시되 遐:멀 하
維日不足이샷다 유 일 부 족	오직 날이 부족한 듯이 하시네.
3 賦 天保定爾하사 천 보 정 이	하느님께서 당신을 안정시키시어
以莫不興이라 이 막 불 흥	흥성하지 않은 것 없네.
如山如阜하며 여 산 여 부	산 같고 언덕 같고
如岡如陵하며 여 강 여 릉	작은 산등성이 같고 큰 언덕 같으며
如川之方至하야 여 천 지 방 지	막 흘러오는 냇물과 같아
以莫不增이로다 이 막 부 증	불어나지 않는 것 없네.
4 賦 吉蠲爲饎하야 길 견 위 치	좋은 날 재계하고 음식 만들어 蠲:맑을 견 饎:술과 음식 치
是用孝享하야 시 용 효 향	효성으로 바쳐서
禴祠烝嘗을 약 사 증 상	계절 따라 약(여름제사)·사(봄제사)·증(겨울제사)·상(가을제사)을
于公先王하시니 우 공 선 왕	선공과 선왕께 올리니

소아 녹명 天保

君曰卜爾하사되 군 왈 복 이	선공과 선왕께서 "하느님이 너에게 점지하시되
萬壽無疆이샷다 만 수 무 강	만수무강하라." 하시네.

5 賦 **神之弔矣**라
신 지 적 의

신께서 이르시어

弔 : 이를 적

詒爾多福이며
이 이 다 복

당신께 많은 복을 주셨으며

詒 : 줄 이

民之質矣라
민 지 질 의

백성들 소박하여

日用飲食이로소니
일 용 음 식

날마다 먹고 마시니

羣黎百姓이
군 려 백 성

검은 머리 백성들 모두가

徧爲爾德이로다
변 위 이 덕

당신의 덕을 두루 실행하네.

徧爲 : 두루 실행함

6 賦 **如月之恒**하며
여 월 지 항

보름달처럼 둥글며

恒 : 둥글 항

如日之升하며
여 일 지 승

해처럼 떠오르며

如南山之壽하야
여 남 산 지 수

남산 같이 장수하여

不騫不崩하며
불 건 불 붕

이지러지지 않고 무너지지 않으며

騫 : 이지러질 건

如松柏之茂하야
여 송 백 지 무

소나무 잣나무 같이 무성하여

無不爾或承이로다 혹시라도 당신을 받들지 못
무 불 이 혹 승   함이 없을 것이라네.

소아 녹명 天保

| 소아 | 녹명 | 7 | 167 | 采薇 고사리를 캠 |

수자리 떠나는 사람을 전송하는 노래의 시이다. 혹은 병사들을 거느리고 출전하는 장수를 위로하는 노래라고도 한다.

1
興

采薇采薇여
채 미 채 미

薇亦作止엇다
미 역 작 지

曰歸曰歸여
왈 귀 왈 귀

歲亦莫止리로다
세 역 모 지

靡室靡家ㅣ
미 실 미 가

獫狁之故며
험 윤 지 고

不遑啓居ㅣ
불 황 계 거

獫狁之故니라
험 윤 지 고

고사리를 캠이여! 고사리를 캠이여!

고사리 또 돋아나네.
作 : 돋아나다 止 : 어조사 지

돌아간다 말함이여! 돌아간다 말함이여! (실질 없는 빈 말)

한 해가 또 저무네.
莫 : 저물 모

아내와 집 두고 떠나온 것도

험윤獫狁(흉노) 때문이요

편히 살 겨를 없는 것도 遑 :
겨를 황 啓 : 편히 앉을 계

험윤 때문이네.

2
興

采薇采薇여
채 미 채 미

薇亦柔止엇다
미 역 유 지

고사리를 캠이여! 고사리를 캠이여!

고사리가 또 부드럽게 돋아나네.

曰歸曰歸여 왈 귀 왈 귀	돌아간다 말함이여! 돌아간다 말함이여!
心亦憂止로다 심 역 우 지	마음 또한 (돌아가지 못할까) 근심이 되네.
憂心烈烈하야 우 심 렬 렬	근심하는 마음 타들어가서 烈烈 : 근심하는 모양
載飢載渴호라 재 기 재 갈	배고프고 목마르게 되네. 載 : 이에 재, 발어사
我戍未定이니 아 수 미 정	내 수자리 하는 곳이 평정되지 못했으니
靡使歸聘이로다 미 사 귀 빙	돌아가 부모님께 문안드리게 하지 않네. 聘 : 문안드릴 빙
3 興 采薇采薇여 채 미 채 미	고사리를 캠이여! 고사리를 캠이여!
薇亦剛止엇다 미 역 강 지	고사리가 또 억세졌네.
曰歸曰歸여 왈 귀 왈 귀	돌아간다 말함이여! 돌아간다 말함이여!
歲亦陽止로다 세 역 양 지	해가 또한 음력 10월(純陰인 坤月)이 되네.
王事靡盬라 왕 사 미 고	나랏일 굳건하게 하지 않을 수 없어서
不遑啓處호니 불 황 계 처	편안히 앉아 거처할 겨를이 없네.
憂心孔疚나 우 심 공 구	근심하는 마음 매우 병이 들었으나

소아 녹명 采薇

我行不來니라 아 행 불 래	우리의 출정은 돌아가지 못하네.
4 興 **彼爾維何**오 피 이 유 하	저기 있는 저것이 무엇인가?
維常之華로다 유 상 지 화	산 앵두의 꽃이라네.
彼路斯何오 피 로 사 하	길 위에 있는 저것이 무엇인가?
君子之車로다 군 자 지 거	장군님의 전차라네.
戎車旣駕하니 융 거 기 가	전차에 이미 멍에 씌웠으니
四牡業業이로다 사 모 업 업	네 마리의 수말이 건장하고 건장하네. 業業 : 씩씩한 모양
豈敢定居리오 기 감 정 거	어찌 감히 편안히 거처할 수 있으랴?
一月三捷이로다 일 월 삼 첩	한 달에 세 번을 이겼네.
5 賦 **駕彼四牡**하니 가 피 사 모	저 네 마리 수말에 멍에를 씌우니
四牡騤騤로다 사 모 규 규	네 마리의 수말이 푸득푸득 씩씩하네. 騤 : 쉬지 않는 모양 규
君子所依요 군 자 소 의	장군님은 이것 타고
小人所腓로라 소 인 소 비	군사들은 호위하며 감쌌네. 腓 : 감쌀 비

四牡翼翼하니 사 모 익 익	네 마리의 수말이 열 맞추어 달리는데
象弭魚服이로다 상 미 어 복	상아 활고자에 물개가죽 전통이라네. 弭 : 활고자 미
豈不日戒리오 기 불 일 계	어찌 날마다 경계를 않으랴?
玁狁孔棘이로다 험 윤 공 극	험윤이 매우 급박하다네. 棘 : 급할 극

6
賦

昔我往矣에 석 아 왕 의	옛적 내가 집 떠날 때는
楊柳依依러니 양 류 의 의	수양버들 휘휘 늘어졌는데 依依 : 무성히 늘어진 모양
今我來思엔 금 아 래 사	지금 내가 돌아올 때는 思 : 어조사 사
雨雪霏霏로다 우 설 비 비	눈비(함박눈)만 펑펑 쏟아지네.
行道遲遲하야 행 도 지 지	가는 길이 더디고 더디어 遲遲 : 길고 멀다
載渴載飢호라 재 갈 재 기	목마르고 배고프네.
我心傷悲어늘 아 심 상 비	내 마음은 슬프고 슬픈데
莫知我哀하나다 막 지 아 애	나의 슬픔 아는 이 없네.

소아 녹명

采薇

| 소아 | 녹명 | 8 | 168 | **出車** 전차를 출동하다 |

전쟁에서 승리하고 귀환한 사람들을 위하여 지은 시로, 문왕文王이 주왕紂王의 명을 받아 곤이와 험윤을 정벌하고 돌아와서 회상하며 부른 것이라고 한다.

1 賦

我出我車를
아 출 아 거

내(文王)가 전차를 출동시켜서

于彼牧矣로라
우 피 목 의

저 교외로 나왔네.

牧 : 교외 목

自天子所하야
자 천 자 소

천자(紂王)의 처소로부터

謂我來矣로다
위 아 래 의

내게 오라 명하셨네.

召彼僕夫하야
소 피 복 부

저 마부 불러

僕夫 : 마부, 하인

謂之載矣요
위 지 재 의

"전차에 짐 실으라" 명하고

王事多難이라
왕 사 다 난

"나랏일이 어려움 많으니

維其棘矣라호라
유 기 극 의

오직 빨리하라"고 하였네.

棘 : 빠를 극

2 賦

我出我車를
아 출 아 거

내가 전차를 출동시켜서

于彼郊矣요
우 피 교 의

저 도성 밖 근교로 나왔네.

設此旐矣며 설 차 조 의	현무 깃발(빨리 하라는 신호)을 세우고 旐:현무 그려진 깃발 조
建彼旄矣하니 건 피 모 의	쇠꼬리털 깃대 세웠으니 旄:깃대 장식 모
彼旟旐斯ㅣ 피 여 조 사	저 주작과 현무 깃발 旟:주작 그린 기 여
胡不旆旆리오 호 불 패 패	어찌 바람에 펄럭이지 않을 것인가? 旆:기 패
憂心悄悄호니 우 심 초 초	근심하는 마음에 초조하니
僕夫況瘁로다 복 부 황 췌	마부 또한 초췌했네. 況:멍할 황(≒怳)

3 賦

王命南仲하사 왕 명 남 중	왕(紂王)께서 남중장군(문왕의 신하)에게 명령하시어
往城于方하시니 왕 성 우 방	삭방에 성을 쌓으니
出車彭彭하며 출 거 방 방	출동하는 전차 많고 많으며 彭彭:무리가 많은 모양
旂旐央央이로다 기 조 앙 앙	교룡 깃발, 현무 깃발이 선명도 하네. 旂:용 그린 제후의 기
天子命我하사 천 자 명 아	천자께서 내게 명령하시어
城彼朔方하시니 성 피 삭 방	삭방에 성을 쌓으라 하시니
赫赫南仲이여 혁 혁 남 중	빛나고 빛나는 남중장군이시여!

獫狁于襄이로다 험 윤 우 양	험윤獫狁이 제거되었네. 襄 : 제거할 양, 치울 양
4 賦 昔我往矣에 석 아 왕 의	옛적 내가 떠나갈 때는
黍稷方華러니 서 직 방 화	기장과 피 무성히 꽃피더니
今我來思엔 금 아 래 사	지금 내가 돌아올 때는
雨雪載塗로다 우 설 재 도	비와 눈이 길을 덮었네. 塗 : 칠할 도, 진흙 도
王事多難이라 왕 사 다 난	나랏일이 어려움 많아
不遑啓居호니 불 황 계 거	편안히 앉아 거처할 겨를 없으니
豈不懷歸리오마는 기 불 회 귀	어찌 돌아올 생각을 하지 않으랴마는
畏此簡書니라 외 차 간 서	임금님의 명령서가 두렵네. 簡 : 경계하는 명령서
5 賦 喓喓草蟲이며 요 요 초 충	찌르륵 찌르륵 풀벌레 울고 喓 : 벌레 소리 요
趯趯阜螽이로다 적 적 부 종	펄쩍 펄쩍 뛰는 메뚜기라 趯 : 뛸 적
未見君子라 미 견 군 자	그리운 님 보지 못해
憂心忡忡호니 우 심 충 충	근심하는 마음 타들어가니 忡 : 근심할 충

旣見君子라야 기 견 군 자	그리운 님 만나야
我心則降이로다 아 심 즉 항	내 마음이 놓이리. 降:가라앉을 항
赫赫南仲이여 혁 혁 남 중	빛나고 빛나는 남중장군이시여!
薄伐西戎이로다 박 벌 서 융	잠깐 동안에 서융을 정벌하셨네.

6
賦

春日遲遲라 춘 일 지 지	봄날 지리하게 길어
卉木萋萋며 훼 목 처 처	풀과 나무 흐드러지게 무성하며 卉:풀 훼
倉庚喈喈며 창 경 개 개	꾀꼬리 꾀꼴꾀꼴 울며 倉庚:꾀꼬리
采蘩祁祁어늘 채 번 기 기	쑥 캐는 이들 늘어지게 많은데 祁:많을 기
執訊獲醜하야 집 신 획 추	심문할 괴수 잡고 졸개 잡아 訊:심문할 신 醜:따르는 무리 추
薄言還歸하니 박 언 선 귀	잠깐 만에 발길 돌려 돌아왔네. 還:돌릴 선
赫赫南仲이여 혁 혁 남 중	빛나고 빛나는 남중장군이시여!
玁狁于夷로다 험 윤 우 이	험윤을 평정하셨네. 夷:평정할 이

소아 녹명 出車

| 소아 | 녹명 | 9 | 169 | 杕杜 아가위나무 |

군역에서 돌아온 병사를 위로하는 시이다.

1 賦

有杕之杜여
유 체 지 두

우뚝 서 있는 저 아가위나무여!

有睍其實이로다
유 환 기 실

그 열매 가득하네.
睍 : 가득차 있는 모양 환

王事靡盬라
왕 사 미 고

나랏일 굳건하게 하지 않을 수 없는지라

繼嗣我日이로다
계 사 아 일

날마다 휴식하지 못하고 일 계속하네.

日月陽止라
일 월 양 지

해는 벌써 10월이라
止 : 어조사 지

女心傷止니
여 심 상 지

여자의 마음이 상하고 슬프니

征夫遑之로다
정 부 황 지

군역 떠난 님이시여! 여가를 내옵소서. 遑 : 겨를 황

2 賦

有杕之杜여
유 체 지 두

우뚝 서 있는 저 아가위여!

其葉萋萋로다
기 엽 처 처

그 잎사귀 무성하네.

王事靡盬라
왕 사 미 고

나랏일 굳건하게 하지 않을 수 없는지라

我心傷悲호라
아 심 상 비

내 마음이 상하고 슬프네.

卉木萋止라 훼 목 처 지	풀과 나무들 무성하여
女心悲止니 여 심 비 지	여자의 마음 슬퍼지니
征夫歸止로다 정 부 귀 지	군역 떠난 님이시여! 집으로 돌아오소서.

3 賦

陟彼北山하야 척 피 북 산	저 북산에 올라
言采其杞호라 언 채 기 기	구기자를 캤네.
王事靡盬라 왕 사 미 고	나랏일 굳건하게 하지 않을 수 없는지라
憂我父母로다 우 아 부 모	부모님을 근심하게 하였네.
檀車幝幝하며 단 거 천 천	박달나무 전차 부서져 털털거리며　幝: 해진 모양 천
四牡痯痯하니 사 모 관 관	네 마리의 수말마저 병들고 지쳤으니　痯: 병에 지칠 관
征夫不遠이로다 정 부 불 원	군역 떠난 님이시여! 돌아올 날 머지 않았네.

4 賦

匪載匪來라 비 재 비 래	수레에 행장 싣지 않고 돌아오지도 않으시니
憂心孔疚어늘 우 심 공 구	근심하는 마음 심하게 병들었네.
期逝不至라 기 서 부 지	기한이 지나도 오지를 않으시니　逝: 갈 서

소아 녹명 杕杜

而多爲恤이로다 마음 근심 많이 되네.
이 다 위 휼

卜筮偕止하야 거북점과 시초점이 모두 합치하여
복 서 해 지

會言近止하니 모두 가깝게 왔다 말하니
회 언 근 지

征夫邇止로다 군역 떠나신 님이시여! 가까이 오시었네.
정 부 이 지

| 소아 | 녹명 | 10 | 170 | 南陔 남해 |

효자가 서로 경계해 가며 부모를 봉양함을 읊은 시라고 하는데, 음악(곡조)만 남아 있고 가사가 없다. 생황으로 연주하는 시이다.

예전에는 「백화」편의 「어리魚麗」시 뒤에 있었으나, 『의례儀禮』의 「향음주례」로 고증하여 이곳으로 옮겼다. 즉 「향음주례」에 "비파를 타고 「녹명, 사모, 황황자화」를 부르고, 생황이 당에 들어와 … 「남해, 백화, 화서」를 연주하고"라 하였고, 「연례」에도 같은 순서로 노래하고 연주한다고 하였다.

白華什 二之二³⁾ (백화, 이지이)

「백화」는 「소아」의 두 번째 편이다. 『의례』의 「향음주례」와 「연례」에 "이전의 음악(①백화 ②화서)을 연주하고 다음 음악이 시작하기 전에 「③어리」를 노래하고, 「④유경」을 笙으로 불고, 「⑤남유가어」를 노래하고, 「⑥숭구」를 笙으로 불고, 「⑦남산유대」를 노래하고, 「⑧유의」를 笙으로 분다."고 하였다.

아래 10수 중에서 *표시(①백화 ②화서 ④유경 ⑥숭구 ⑧유의)는 내용이 전하지 않는다. 처음부터 노래가사 없이 연주곡으로만 불렸을 가능성이 높다.

1. 白華 백화(흰 꽃) *
2. 華黍 화서(기장 꽃) *
3. 魚麗 물고기가 잡히다
4. 由庚 유경 *
5. 南有嘉魚 강남의 맛진 고기
6. 崇丘 숭구 *
7. 南山有臺 남산의 향부자
8. 由儀 유의 *
9. 蓼蕭 다북쑥
10. 湛露 방울방울 내린 이슬

---

3) 二之二 즉 '2의 2'라고 한 것은, 앞의 2는 「소아」라는 뜻이고, 뒤의 2는 「쇼아」 중에 두 번째 편(「백화」)이라는 것이다.

| 소아 | 백화 | 1 | 171 | **白華** 백화(흰 꽃) |

효자의 결백함을 읊은 시라고 하는데, 내용이 전하지 않는다. 생황으로 연주하는 시라고 한다.

| 소아 | 백화 | 2 | 172 | **華黍** 화서(기장 꽃) |

시절이 화평하고 풍년이 들어 서직黍稷이 잘 자람을 읊은 것이라 하는데, 그 뜻만 있고 가사는 전하지 않는다.

| 소아 | 백화 | 3 | 173 | 魚麗 물고기가 잡히다 |

잔치할 때 부르는 노래의 가사인데, 손님을 대접하는 주인의 예의가 융숭함을 칭찬한 시이다.

1 興 **魚麗于罶**하니
어 리 우 류

물고기 통발에 잡히니
麗 : 걸릴 리 罶 : 통발 류

鱨鯊로다
상 사

자가사리(날치)와 모래무지라네.
鱨 : 날치 상 鯊 : 모래무지 사

君子有酒하니
군 자 유 주

군자(잔칫집의 주인)가 술을 내니

旨且多로다
지 차 다

맛있고도 많구나!
旨 : 맛있을 지(=美)

2 興 **魚麗于罶**하니
어 리 우 류

물고기 통발에 잡히니

魴鱧로다
방 례

방어와 가물치라네.
鱧 : 가물치 례

君子有酒하니
군 자 유 주

군자가 술을 내니

多且旨로다
다 차 지

많고도 맛이 있구나!

3 興 **魚麗于罶**하니
어 리 우 류

물고기 통발에 잡히니

鰋鯉로다
언 리

메기와 잉어라네.
鰋 : 메기 언 鯉 : 잉어 리

君子有酒하니
군 자 유 주

군자가 술을 내니

旨且有로다 지 차 유	맛있고도 넉넉하구나! 有 : 넉넉할 유
4 賦 物其多矣니 물 기 다 의	음식들이 풍성하니
維其嘉矣로다 유 기 가 의	오직 좋은 것들뿐이라네.
5 比 物其旨矣니 물 기 지 의	음식들이 맛나니
維其偕矣로다 유 기 해 의	모든 것 다 구비되었네. 偕 : 함께 해
6 賦 物其有矣니 물 기 유 의	음식들이 많으니
維其時矣로다 유 기 시 의	오직 때에 맞는 제철 음식뿐이라네. 時 : 때에 맞을 시

소아 백화 魚麗

| 소아 | 백화 | 4 | 174 | **由庚** 유경 |

'경'은 도道를 뜻한다. 만물이 각기 음양의 도로 말미암아 생겨나서, 각기 그 마땅한 도道를 행하게 됨을 읊었다고 하나, 내용이 전해지지 않는다.

| 소아 | 백화 | 5 | 175 | 南有嘉魚 강남의 맛진 고기 |

잔치를 베풀 때에 통용되는 음악이다. 성왕成王이 덕 있는 현자와 잔치를 즐기는 모습을 노래한 시이다.

1 興

南有嘉魚하니
남 유 가 어

남쪽에 맛있는 고기 있으니
嘉魚 : 연어과의 곤들메기

烝然罩罩로다
증 연 조 조

통발마다 많기도 하네. 罩 : 가리 조(대나무 엮은 고기 잡는 그릇)

君子有酒하니
군 자 유 주

군자가 술을 내니

嘉賓式燕以樂로다
가 빈 식 연 이 요

귀한 손님에게 예로써 잔치 베풀어 즐겁게 하네.

2 興

南有嘉魚하니
남 유 가 어

남쪽에 맛있는 고기 있으니

烝然汕汕이로다
증 연 산 산

그물마다 많기도 하네. 烝然 : 발어사 汕 : 오구로 떠서 잡을 산

君子有酒하니
군 자 유 주

군자가 술을 내니

嘉賓式燕以衎이로다
가 빈 식 연 이 간

귀한 손님 예로써 잔치 베풀어 즐겁게 하네. 衎 : 즐길 간

3 興

南有樛木하니
남 유 규 목

남쪽에 늘어진 나무 있으니
樛 : 늘어져 휠 규

甘瓠纍之로다
감 호 류 지

단호박 덩굴이 얽혔네.
纍 : 얽힐 류(루)

君子有酒하니
군 자 유 주

군자가 술을 내니

嘉賓式燕綏之로다 가 빈 식 연 유 지	귀한 손님 예로써 잔치 베풀어 편안히 하네. 綏:편안할 유(수)
4 興 翩翩者鵻여 편 편 자 추	훨훨나는 산비둘기여! 鵻:산비둘기 추
烝然來思로다 증 연 래 사	날아서 오는구나. 思:어조사 사
君子有酒하니 군 자 유 주	군자가 술을 내니
嘉賓式燕又思로다 가 빈 식 연 우 사	귀한 손님 예로써 잔치 베풀고 또 베풀 것을 생각하네.

| 소아 | 백화 | 6 | 176 | 崇丘 숭구 |

생황으로 연주하는 곡의 이름인데, 높은 언덕에서 자라는 것들이 모두 그 성품대로 높고 크게 자람을 찬미했다고 한다.

| 소아 | 백화 | 7 | 177 | **南山有臺** 남산의 향부자 |

잔치하는 데에 쓰는 노래로, 높은 지위에 있는 덕 있는 군자를 칭송한 노래이다.

성왕成王이 덕있는 현자를 얻어서 잔치를 즐기는 모습을 노래한 시라고 한다. 3장의 "*樂只君子 民之父母*"는 『대학』「전문 10장」에 인용되었다.

1
興

南山有臺요
남 산 유 대

남산에 향부자 풀 있고
臺 : 향부자 대(사초莎草)

北山有萊로다
북 산 유 래

북산에 명아주 있네.
萊 : 명아주 래

樂只君子여
낙 지 군 자

즐거운 군자시여!

邦家之基로다
방 가 지 기

나라의 초석이라네.

樂只君子여
낙 지 군 자

즐거운 군자시여!

萬壽無期로다
만 수 무 기

만수를 누려 기한이 없을 것이라네.
期 : 기약할 기

2
興

南山有桑이요
남 산 유 상

남산에 뽕나무 있고

北山有楊이로다
북 산 유 양

북산에 버드나무 있네.

樂只君子여
낙 지 군 자

즐거운 군자시여!

邦家之光이로다 나라의 빛이라네.
방 가 지 광

樂只君子여 즐거운 군자시여!
낙 지 군 자

萬壽無疆이로다 만수를 누려 끝이 없을 것이라네.
만 수 무 강

3 興 南山有杞요 남산에 구기자나무 있고
남 산 유 기
杞 : 구기자 기

北山有李로다 북산에 오얏나무 있네.
북 산 유 리

樂只君子여 즐거운 군자시여!
낙 지 군 자

民之父母로다 백성의 부모라네.
민 지 부 모

樂只君子여 즐거운 군자시여!
낙 지 군 자

德音不已로다 덕을 칭송하는 소리 그치지 않네.
덕 음 불 이

4 興 南山有栲요 남산에는 북나무가 있고
남 산 유 고
栲 : 북나무 고

北山有杻로다 북산에는 감탕나무가 있네.
북 산 유 뉴
杻 : 감탕나무 뉴, 싸리나무 뉴

樂只君子여 즐거운 군자시여!
낙 지 군 자

遐不眉壽리오 어찌 흰 눈썹 날리도록 장수하지 않으실까! 遐 : 어찌 하
하 불 미 수

소아 | 백화 | 南山有臺

樂只君子여 낙 지 군 자	즐거운 군자시여!
德音是茂로다 덕 음 시 무	덕을 칭송하는 소리가 무성하네.
5 南山有枸요 興 남 산 유 구	남산에 탱자나무 있고 枸 : 탱자나무 구, 호깨나무 구
北山有楰로다 북 산 유 유	북산에 광나무가 있네. 楰 : 광나무 유
樂只君子여 낙 지 군 자	즐거운 군자시여!
遐不黃耈리오 하 불 황 구	어찌 오래 살지 않으시리오? 黃耈 : 얼굴이 누렇도록 늙은 노인
樂只君子여 낙 지 군 자	즐거운 군자시여!
保艾爾後로라 보 애 이 후	후손들도 잘 보존되고 길러질 것이라네. 艾 : 기를 애

소아	백화	8	178	由儀 유의

'의'는 물건을 사용함에 예로써 하니, 그 쓰임에 다함이 없다는 뜻이다. 생황으로 연주하는 곡인데, 만물이 생겨남에 각기 그 마땅함을 얻게 됨을 읊었다고 하나, 그 내용이 전하지 않는다.

| 소아 | 백화 | 9 | 179 | **蓼蕭** 다북쑥 |

연회 때에 쓰는 노래이다. 어진 제후가 천자에게 조회하니, 천자가 잔치를 베풀어 대접하고 그 덕을 칭송한 내용이다.

1 興

蓼彼蕭斯에
육 피 소 사

장대한 저 다북쑥에
蓼 : 장성할 륙 蕭 : 쑥 소

零露湑兮로다
영 로 서 혜

떨어지는 이슬이 아름답네.
湑 : 이슬 맺은 모양 서

旣見君子호니
기 견 군 자

이미 군자(제후)를 뵈니

我心寫兮로다
아 심 사 혜

내 마음이 후련해졌네.
寫 : 후련할 사, 트일 사, 쏟을 사

燕笑語兮하니
연 소 어 혜

함께 잔치하고 웃으며 말하니

是以有譽處兮로다
시 이 유 예 처 혜

이로써 영예와 안락이 있네.
處 : 편안한 곳 처

2 興

蓼彼蕭斯에
육 피 소 사

장대한 저 다북쑥에

零露瀼瀼이로다
영 로 양 양

떨어지는 이슬 방울방울 맺혔네. 瀼 : 이슬 많은 모양 양

旣見君子호니
기 견 군 자

이미 군자를 뵈니

爲龍爲光이로다
위 룡 위 광

사랑스럽고 빛이 되네.
龍 : 사랑할 롱(≒寵)

其德不爽하니 기 덕 불 상	그의 덕 어긋남이 없으니 爽 : 어그러질 상(≒差)
壽考不忘이로다 수 고 불 망	장수하시기를 빌며 잊지를 못하네. 考 : 오래 살 고
3興 蓼彼蕭斯에 육 피 소 사	장대한 저 다북쑥에
零露泥泥로다 영 로 녜 녜	떨어지는 이슬 반짝반짝 흠뻑 젖었네. 泥 : 흠뻑젖을 녜(니)
旣見君子호니 기 견 군 자	이미 군자를 뵈니
孔燕豈弟로다 공 연 개 제	성대하게 잔치하며 편안히 즐기네. 弟 : 편안할 제(≒易)
宜兄宜弟라 의 형 의 제	형에게도 잘 하시고 아우에게도 잘 하시니
令德壽豈로다 영 덕 수 개	훌륭하신 덕 장수할 것이라네. 豈 : 편안할 개(≒寧)
4興 蓼彼蕭斯에 육 피 소 사	장대한 저 다북쑥에
零露濃濃이로다 영 로 농 농	떨어지는 이슬이 아롱아롱 짙네. 濃濃 : 두터운 모양
旣見君子호니 기 견 군 자	이미 군자를 뵈니
鞗革冲冲하며 조 혁 충 충	말가죽 고삐 축축 늘어지며 鞗 : 고삐 조 冲冲 : 늘어진 모양
和鸞雝雝하니 화 란 옹 옹	(수레 장식의) 말방울 옹옹 울리니 雝 : 화락할 옹

萬福攸同이로다   만 가지 복이 함께할 것이라
만 복 유 동   네. 攸 : 바 유(≒所)

| 소아 | 백화 | 10 | 180 | 湛露 방울방울 내린 이슬 |

천자가 제후들에게 연회를 베푸는 시이다.

1
湛湛露斯여   방울방울 내린 이슬이여!
담 담 로 사   湛湛 : 이슬이 성한 모양

匪陽不晞로다   햇빛이 아니면 마르지 않네.
비 양 불 희   晞 : 마를 희

厭厭夜飮이여   편안한 이 밤의 술자리여!
염 염 야 음   厭厭 : 편안한 모양

不醉無歸로다   취하지 않으면 돌아가지 못하리.
불 취 무 귀

2
湛湛露斯여   방울방울 많은 이슬이여!
담 담 로 사

在彼豊草로다   저 풍성한 풀잎새에 있네.
재 피 풍 초

厭厭夜飮이여   편안하고 편안한 이 밤의 술자리여!
염 염 야 음

在宗載考로다   종실宗室에서 즐거운 잔치 이루었네.
재 종 재 고   考 : 이룰 고

3
典

湛湛露斯여
담 담 로 사

在彼杞棘이로다
재 피 기 극

顯允君子여
현 윤 군 자

莫不令德이로다
막 불 령 덕

방울방울 많은 이슬이여!

저 구기자나무와 가시나무에 있네.

밝고 신실한 군자시여!

顯允 : 밝고 진실함

훌륭한 행동 아닌 것이 없네.

令 : 좋을 령

4
典

其桐其椅여
기 동 기 의

其實離離로다
기 실 리 리

豈弟君子여
개 제 군 자

莫不令儀로다
막 불 령 의

오동나무와 가래나무여!

椅 : 가래나무 의

그 열매가 주렁주렁 열렸네.

離離 : 늘어진 모양

즐거운 군자시여!

예의범절 훌륭하지 않은 것 없네.

彤弓什 二之三[4] (동궁, 이지삼)

1. 彤弓 붉은 활
2. 菁菁者莪 무성한 다북쑥
3. 六月 유월
4. 采芑 쓴 나물을 캠
5. 車攻 튼튼한 전차
6. 吉日 좋은 날
7. 鴻雁 기러기
8. 庭燎 정원의 횃불
9. 沔水 넘실대는 물
10. 鶴鳴 학이 울면

---

4) 二之三' 즉 '2의 3'이라고 한 것은, 앞의 2는 「소아」라는 뜻이고, 뒤의 3은 「소아」 중에 세 번째 편(「동궁」)이라는 것이다.

| 소아 | 동궁 | 1 | 181 | 彤弓 붉은 활 |

천자가 공이 있는 제후에게 잔치를 베풀고 활을 하사할 때 연주하며 부르는 노래이다.

1 **彤弓弨兮**를
賦 동 궁 초 혜

시위 늘어진 붉은 활을
彤 : 붉을 동 弨 : 시위 느슨할 초
(工人이 만들어 받친 것을) 받아서

受言藏之라니
수 언 장 지

잘 간직했다가 言 : 어조사 언

我有嘉賓이어늘
아 유 가 빈

내게 아름다운 손님(제후) 있어 嘉賓 : 큰 공로가 있는 제후

中心貺之라
중 심 황 지

진심으로 주려 하네.
貺 : 줄 황

鐘鼓既設이요
종 고 기 설

종과 북을 달아 놓고

一朝饗之호라
일 조 향 지

아침부터 향연을 베푸네.
(하루 아침에 아꼈던 활을 주네)

2 **彤弓弨兮**를
賦 동 궁 초 혜

시위 늘어진 붉은 활을

受言載之라니
수 언 재 지

받아서 도지개(활틀)에 올려 놓았다가 載 : 활 틀에 펴서 올림

我有嘉賓이어늘
아 유 가 빈

내 아름다운 손님이 있어

中心喜之라
중 심 희 지

진심으로 기뻐하네.

鐘鼓既設이요
종 고 기 설

종과 북을 달아놓고

一朝右之호라 일 조 우 지	아침부터 그의 공을 권장하고 높이네. 右:높일 우
3 **彤弓弨兮**를 賦 동 궁 초 혜	시위 늘어진 붉은 활을
受言櫜之라니 수 언 고 지	받아서 활집에 넣었다가 櫜:활집 고
我有嘉賓이어늘 아 유 가 빈	내 아름다운 손님이 있어
中心好之라 중 심 호 지	진심으로 좋아하네.
鐘鼓旣設이요 종 고 기 설	종과 북을 달아놓고
一朝醻之호라 일 조 수 지	아침부터 보답을 하네. 醻:보답할 수, 잔 돌릴 수

| 소아 | 동궁 | 2 | 182 | 菁菁者莪 무성한 다북쑥 |

잔치를 베풀고 마시며 빈객을 접대하는 노래이다. '정정자아'는 군자의 용모와 위의가 성한 것을 표상한 것이다. 莪 : 다북쑥 아

1 興

菁菁者莪여
정 정 자 아

파릇파릇 무성한 다북쑥이여! 菁 : 우거질 정/청(=精)

在彼中阿로다
재 피 중 아

저 언덕 가운데에 있네.
阿 : 언덕 아

旣見君子호니
기 견 군 자

이미 군자를 뵈니

樂且有儀로다
낙 차 유 의

즐겁고 또한 예의가 있네.

2 興

菁菁者莪여
정 정 자 아

파릇파릇 무성한 다북쑥이여!

在彼中沚로다
재 피 중 지

저 모래톱 가운데에 있네.
沚 : 모래톱 지, 물가 지

旣見君子호니
기 견 군 자

이미 군자를 뵈니

我心則喜로다
아 심 즉 희

내 마음이 곧 기쁘네.

3 興

菁菁者莪여
정 정 자 아

파릇파릇 무성한 다북쑥이여!

在彼中陵이로다
재 피 중 릉

저 큰 언덕 가운데에 있네.

旣見君子호니 기 견 군 자	이미 군자를 뵈니
錫我百朋이로다 석 아 백 붕	나에게 많은 보물을 주시네. 百朋 : 5貝 붕, 많고 귀한 재물
⁴比 **汎汎楊舟**여 범 범 양 주	둥둥 떠다니는 버드나무 배여!
載沈載浮로다 재 침 재 부	잠겼다 떴다 출렁거리네. 載 : 발어사 재, 이에 재
旣見君子호니 기 견 군 자	이미 군자를 뵈니
我心則休로다 아 심 즉 휴	내 마음이 곧 즐겁고 편안해지네. 休 : 마음이 안정된 상태

| 소아 | 동궁 | 3 | 183 | 六月 유월 |

여왕厲王이 학정을 해서 나라가 어지러워지자, 험윤(흉노)이 서울 근처까지 쳐들어와 여왕厲王을 죽였다. 아들 선왕宣王이 왕위를 계승하고 윤길보尹吉甫에게 험윤을 정벌하게 하여 공을 세우고 돌아오니, 시인이 이 사실을 노래로 지어 찬양한 시이다.

1
賦

六月棲棲하야
육 월 서 서

유월에 황급히 서둘러서
棲棲 : 서두르며 불안한 모양(栖栖)

戎車旣飭하며
융 거 기 칙

전차를 이미 정돈하고
飭 : 정비할 칙

四牡騤騤어늘
사 모 규 규

네 마리 수말 씩씩하게 푸득푸득거리며 騤騤 : 굳센 모양

載是常服하니
재 시 상 복

전투복 실으니
常服 : 싸울 때의 복장

玁狁孔熾라
험 윤 공 치

험윤이 매우 강성한지라
熾 : 성할 치

我是用急이니
아 시 용 급

우리들 이 때문에 급하였으니(예에 어긋나게 6월에 출정한 이유)

王于出征하야
왕 우 출 정

왕께서 "나가 정벌하여

以匡王國이시니라
이 광 왕 국

왕국을 바르게 하라" 명령하셨네. 匡 : 바르게 할 광

2
賦

比物四驪며
비 물 사 리

힘이 고른 네 마리 검은 말
比物 : 힘이 고르다 驪 : 검은 말 리(려)

閑之維則이로다 한 지 유 측	법도에 맞게 훈련을 시켰네. 閑 : 익힐 한 則 : 법에 맞을 측
維此六月에 유 차 륙 월	바로 이 유월에
旣成我服하야 기 성 아 복	우리의 전투복이 이미 만들어져
我服旣成이어늘 아 복 기 성	이미 만들어진 옷 입고
于三十里하니 우 삼 십 리	하루에 삼십 리를 행군하니
王于出征하야 왕 우 출 정	왕께서 직접 나가 정벌하여
以佐天子시니라 이 좌 천 자	천자를 도우라고 명하셨네.

3 賦

四牡脩廣하니 사 모 수 광	네 마리의 수말이 키 크고 우람하니 脩廣 : 길고 큰 것
其大有顒이로다 기 대 유 옹	그 모습 웅장하기도 하네. 顒 : 클 옹
薄伐玁狁하야 박 벌 험 윤	잠깐 사이에 험윤을 쳐
以奏膚公이로다 이 주 부 공	큰 공을 바칠 것이라네. 奏 : 바칠 주 膚 : 클 부
有嚴有翼하야 유 엄 유 익	위엄 있고 경건하여 翼 : 경건할 익
共武之服하니 공 무 지 복	군무에 몸 바치니 共 : 이바지 할 공(≒供) 服 : 일 복(≒事)

共武之服하야 공 무 지 복	군무에 몸 바치어
以定王國이로다 이 정 왕 국	왕국을 안정시킴이로다.

4賦
玁狁匪茹하야 험 윤 비 여	험윤이 제 역량 헤아리지 못하여 茹:헤아릴 여
整居焦穫하야 정 거 초 호	초땅과 호땅을 점거하고 穫:땅이름 호, 거둘 확
侵鎬及方하야 침 호 급 방	호경(鎬京:주나라 도읍)과 방땅을 침범하여
至于涇陽이어늘 지 우 경 양	경수의 북쪽(陽)에 이르니
織文鳥章이며 직 문 조 장	깃발의 무늬 주작이며 織:기치 치(언해 '직') 章:무늬 장
白斾央央하니 백 패 앙 앙	(현무깃발 아래) 흰 끈 선명한데 央:선명할 영(언해 '앙')
元戎十乘으로 원 융 십 승	선봉군 열 대의 전차로 元戎:군의 선봉
以先啓行이로다 이 선 계 행	먼저 길을 여네.

5賦
戎車旣安하니 융 거 기 안	전차가 이미 편안하니
如輊如軒이며 여 지 여 헌	전차 앞이 숙인 듯(輊) 높인 듯(軒) 전차가 달리는 모습을 형상
四牡旣佶하니 사 모 기 길	네 마리의 수말 이미 건장하니 佶:건장할 길

旣佶且閑이로다 기 길 차 한	건장하고 또 잘 훈련되었네.
薄伐玁狁하야 박 벌 험 윤	잠깐 동안에 험윤을 쳐서
至于大原하니 지 우 태 원	태원까지 이르니
文武吉甫여 문 무 길 보	문과 무를 겸비한 길보시여! 吉甫 : 윤길보 장군
萬邦爲憲이로다 만 방 위 헌	만방의 본보기라네.

6 賦

吉甫燕喜하니 길 보 연 희	길보장군이 잔치하고 기뻐하니
旣多受祉로다 기 다 수 지	이미 많은 복을 받았네.
來歸自鎬하니 내 귀 자 호	호경으로부터 돌아오니
我行永久로다 아 행 영 구	우리의 행렬 길고도 오래 가네.
飮御諸友하니 음 어 제 우	여러 벗들에게 술과 음식을 권하니 御 : 드릴 어, 권할 어
炰鱉膾鯉로다 포 별 회 리	자라구이와 잉어회라네.
侯誰在矣오 후 수 재 의	누가 이 자리에 있었는가? 侯 : 오직 후(≒維)
張仲孝友로다 장 중 효 우	효도와 우애로 이름난 장중 (윤길보의 벗)이라네.

| 소아 | 동궁 | 4 | 184 | 采芑 쓴 나물을 캠 |

주나라 선왕宣王 때에 만蠻과 형荊이 배반했다. 선왕이 방숙方叔에게 명하여 남쪽을 정벌할 때 쓴 나물을 캐서 먹으며 정벌하니, 이를 서술하여 칭송한 시이다.

1 興

薄言采芑를
박 언 채 기

잠깐 사이에 쓴 나물 캐기를
芑 : 쓴 나물 기

于彼新田이며
우 피 신 전

저 새로 개간한 밭에서 하고

于此菑畝로다
우 차 치 묘

이 묵은 밭에서도 캤네.
菑 : 개간한 지 1년된 밭

方叔涖止하니
방 숙 리 지

방숙께서 임하시니
涖 : 임할 리

其車三千이로소니
기 거 삼 천

그 전차 삼천이 무리지어

師干之試로다
사 간 지 시

방어훈련하고 있네.
干 : 막을 간 試 : 훈련할 시

方叔率止하니
방 숙 솔 지

방숙께서 통솔하니

乘其四騏로다
승 기 사 기

네 마리의 검푸른 말을 타셨네.

四騏翼翼하니
사 기 익 익

네 마리의 말이 힘차게 달리고

路車有奭이로소니
노 거 유 혁

전차 가는 길이 붉으니
奭 : 붉은 모양 혁

簟茀魚服이며 점 불 어 복	대자리 수레 덮개, 물고기가 죽 전통이며 茀:수레덮개 불
鉤膺鞗革이로다 구 응 조 혁	말의 턱엔 금고리, 큰 띠 가슴걸이며 가죽고삐라네.
2 薄言采芑를 興 박 언 채 기	잠깐 사이에 쓴 나물 캐기를
于彼新田이며 우 피 신 전	저 새로 개간한 밭에서 캐고
于此中鄕이로다 우 차 중 향	이 마을 가운데에서도 캤네.
方叔涖止하니 방 숙 리 지	방숙께서 임하시니
其車三千이로소니 기 거 삼 천	그 전차가 삼천인데
旂旐央央이로다 기 조 앙 앙	교룡 깃발, 현무 깃발이 선명도 하네. 旂:용을 그린 제후의 기
方叔率止하니 방 숙 솔 지	방숙께서 거느리시니
約軝錯衡이며 약 기 착 형	가죽으로 묶은 바퀴통에 아로새긴 멍에 軝:수레 바퀴 기
八鸞瑲瑲이로다 팔 란 창 창	여덟 개의 말방울이 찰랑찰랑 울리네. 瑲:옥 소리 창
服其命服하니 복 기 명 복	그의 명복(천자가 하사한 옷) 입으시니
朱芾斯皇이며 주 불 사 황	붉은 슬갑 빛이 나고 芾:슬갑 불 皇:빛날 황

有瑲葱珩이로다 유 창 총 형	파란 빛 패옥에 머리구슬 짤랑짤랑 소리 내네.
鴥彼飛隼이여 휼 피 비 준	빠르게 나는 저 새매여! 鴥 : 빨리 날 휼(율)
其飛戾天이며 기 비 려 천	날아서 하늘에 이르며 戾 : 이를 려(=至)
亦集爰止로다 역 집 원 지	또한 모여 그쳐 있네.
方叔涖止하니 방 숙 리 지	방숙께서 임하시니
其車三千이로소니 기 거 삼 천	그 전차 삼천인데
師干之試로다 사 간 지 시	무리지어 방어훈련 하고 있네. 試 : 익힐 시
方叔率止하니 방 숙 솔 지	방숙께서 통솔하시니
鉦人伐鼓어늘 정 인 벌 고	징치는 사람 징을 치고 (북을 울리면) 鉦 : 징 정
陳師鞠旅로다 진 사 국 려	군사들 진열함에 그들에게 고유하네. 鞠 : 고할 국
顯允方叔이여 현 윤 방 숙	밝고 신실하신 방숙이시여!
伐鼓淵淵이며 벌 고 연 연	진군할 때 둥둥둥 북 울리며 淵淵 : 북소리 평화스러움
振旅闐闐이로다 진 려 전 전	퇴군할 때 징소리 징징 울리네. 振 : 퇴각할 진 闐 : 북소리 전

소아 동궁 采芑

4 賦

蠢爾蠻荊이
준 이 만 형

무지한 저 만과 형이
蠢 : 어리석을 준

大邦爲讐로다
대 방 위 수

큰 나라를 원수로 삼았네.

方叔元老나
방 숙 원 로

방숙은 원로이나

克壯其猶로다
극 장 기 유

그 계책 뛰어나네.
猶 : 계책 유, 꾀 유

方叔率止하니
방 숙 솔 지

방숙께서 통솔하시니

執訊獲醜로다
집 신 획 추

심문할 괴수 잡고 졸개 잡네.
訊 : 물을 신 醜 : 무리 추

戎車嘽嘽하니
융 거 탄 탄

탕탕 울리는 전차들이 많고 많으니 嘽 : 많을 탄

嘽嘽焞焞하야
탄 탄 퇴 퇴

많고도 성대하여
焞 : 성할 퇴

如霆如雷로다
여 정 여 뢰

번개 같고 우레 같네.

顯允方叔이여
현 윤 방 숙

밝고 신실하신 방숙이시여!

征伐玁狁하니
정 벌 험 윤

험윤을 정벌하니

蠻荊來威로다
만 형 래 위

만과 형이 와서 위엄에 굴복했네.

| 소아 | 동궁 | 5 | 185 | 車攻 튼튼한 전차 |

주나라 초기에 주공이 성왕을 보필할 때 낙읍洛邑을 동도東都로 만들어서 제후들의 조회를 받았다. 그러나 그 뒤로는 주나라 왕실이 쇠약하여 오래도록 제후들의 조회를 받지 못하였다. 선왕宣王 때에 이르러 국내 정치를 안정시키고 이족과 적족을 물리쳐서 문왕 무왕 때의 국경을 회복했다. 그래서 제후들을 동도에 모이게 하고 사냥을 하면서 시종할 사람들을 선발하였다. 시인이 이를 보고 그 성대함을 찬미하는 시를 지은 것이다.

6장의 "不失其馳 舍矢如破"가 『맹자』「등문공 하」에 인용되었다.

1
賦
我車旣攻하며
아 거 기 공

우리 전차 이미 튼튼하고
攻 : 단단하고 굳을 공

我馬旣同하야
아 마 기 동

우리 말 같은 색으로 선발했네. 同 : 가지런할 동(≒齊)

四牡龐龐하니
사 모 롱 롱

네 마리의 수말 똘똘하고 충실하니 龐 : 충실할 롱, 클 방

駕言徂東이로다
가 언 조 동

멍에 메어서 동쪽(東都 : 洛邑)으로 가네. 徂 : 갈 조

2
賦
田車旣好하니
전 거 기 호

사냥할 전차 이미 좋고
田 : 사냥할 전(≒佃)

四牡孔阜로다
사 모 공 부

네 마리의 수말이 매우 성대하네. 孔阜 : 매우 성대함

東有甫草어늘 동 유 보 초	동쪽으로 보초땅 있으니 甫草 : 동도의 동쪽 사냥터
駕言行狩로다 가 언 행 수	멍에 메어서 동쪽으로 가네.
3 賦 之子于苗하니 지 자 우 묘	님께서 사냥 나가시니 苗 : 여름 사냥 묘
選徒囂囂로다 선 도 효 효	몰잇꾼의 와와 소리 요란하네. 囂囂 : 많은 수레 움직이는 소리
建旐設旄하야 건 조 설 모	현무기에 쇠꼬리 깃발 세워 旐 : 현무 기 조 旄 : 깃대 장식 모
搏獸于敖로다 박 수 우 오	오땅에서 짐승 사냥하네. 搏 : 잡을 박
4 賦 駕彼四牡하니 가 피 사 모	저 네 마리 수말에 멍에 하니
四牡奕奕이로다 사 모 혁 혁	네 마리의 수말들 헉헉하며 뛰어가네.
赤芾金舃으로 적 불 금 석	붉은 슬갑에 금장식 신발로 舃 : 신 석
會同有繹이로다 회 동 유 역	열 이루어 회동하네. 繹 : 진열되고 연속됨
5 賦 決拾旣佽하며 결 습 기 차	활 쏠 깍지와 팔찌 나란하고 決 : 깍지 결 拾 : 팔찌 습 佽 : 나란할 차
弓矢旣調하니 궁 시 기 조	활과 화살 이미 조율하니
射夫旣同하야 사 부 기 동	제후이하 사냥할 분들 이미 모여 射夫 : 활쏘는 사람, 제후들

助我擧柴로다 조 아 거 지	우릴 도와 쌓인 짐승 옮기네. 柴 : 섶 시(짐승 잡아 쌓아 놓음)
6 賦 四黃旣駕하니 사 황 기 가	네 마리 누런 말 이미 멍에 하니
兩驂不猗로다 양 참 불 의	두 마리의 참마 기울지 않네. 猗 : 한쪽으로 치우칠 의
不失其馳어늘 불 실 기 치	몰고 달리는 법 어김없고
舍矢如破로다 사 시 여 파	활쏘기를 대 쪼개듯 하네.
7 賦 蕭蕭馬鳴이며 소 소 마 명	여유롭게 히힝하는 말울음소리 蕭蕭 : 유유하고 한가한 모양
悠悠旆旌이로다 유 유 패 정	느릿느릿 휘날리는 오색 깃발 대장기라. 旆 : 대장기 패
徒御不驚이며 도 어 불 경	병사와 마부들 놀라지 않고 徒御 : 보병과 마부
大庖不盈이로다 대 포 불 영	임금님 푸줏간을 채우지 않네.
8 賦 之子于征하니 지 자 우 정	님께서 사냥 나가시니
有聞無聲이로다 유 문 무 성	소문은 있지만 시끄럽지 않네. (조용히 행군함)
允矣君子여 윤 의 군 자	참된 군자시여! 允 : 진실로 윤
展也大成이로다 전 야 대 성	참으로 크게 이루시리. 展 : 진실로 전

| 소아 | 동궁 | 6 | 186 | **吉日** 좋은 날 |

선왕宣王 때 사냥하는 광경을 보고 지은 시이다.

1
賦

吉日維戊에
길 일 유 무

旣伯旣禱하니
기 백 기 도

田車旣好하며
전 거 기 호

四牡孔阜어늘
사 모 공 부

升彼大阜하야
승 피 대 부

從其羣醜로다
종 기 군 추

길일인 무일戊日에

말 신에게 제사하고 기도를
하니 伯:마조馬祖, 방성房星의 神

사냥 전차 이미 좋게 갖추었고

네 마리의 수말이 매우 성대
하네. 阜:성할 부

저 큰 언덕 올라가
阜:언덕 부

짐승 무리 쫓았네.
醜:무리 추(여기서는 짐승들)

2
賦

吉日庚午에
길 일 경 오

旣差我馬하야
기 차 아 마

獸之所同에
수 지 소 동

麀鹿麌麌한
우 록 우 우

漆沮之從이여
칠 저 지 종

길일인 경오일庚午日에

이미 내 말 선택해서
差:가릴 차, 선택할 차

짐승들 모인 곳에
同:모일 동(=聚)

암수사슴 떼지어 있는 麀:암
사슴 우 麌:숫사슴 우 麌:떼 우

칠수漆水와 저수沮水를 따라
가니

天子之所로다 천 자 지 소	천자께서 사냥하시는 곳이라네.
3 瞻彼中原호니 賦 첨 피 중 원	저 언덕 가운데를 바라보니
其祁孔有로다 기 기 공 유	큰 짐승들 매우 많이 있네. 祁:클 기
儦儦俟俟하야 표 표 사 사	우루루 떼를 지어 儦儦:무리지어 모임 俟俟:무리지어 움직임
或羣或友어늘 혹 군 혹 우	혹 무리 이루고 혹 짝을 이루네. 羣:세 마리 이상
悉率左右하야 실 솔 좌 우	좌우의 신하들을 모두 인솔하여
以燕天子로다 이 연 천 자	천자를 즐겁게 한다네.
4 旣張我弓하고 賦 기 장 아 궁	이미 내 활 펼치고
旣挾我矢하야 기 협 아 시	이미 내 화살 끼워서
發彼小豝하며 발 피 소 파	저 작은 암퇘지에게 쏘며 豝:암퇘지 파
殪此大兕하야 에 차 대 시	이 큰 들소를 잡아서 殪:쓰러뜨릴 에 兕:들소 시
以御賓客하고 이 어 빈 객	손님들을 대접하고
且以酌醴로다 차 이 작 례	또 단술 따라 올리네. 醴:단술 례

소아 동궁 吉日

| 소아 | 동궁 | 7 | 187 | 鴻雁 기러기 |

　　강왕 이래로 주나라 왕실이 쇠약해져서 백성들이 뿔뿔이 떠나고 흩어졌다. 그런데 선왕이 국가를 안정시켜 유민들을 모이게 하고 위로하니, 유민들이 기뻐서 이 노래를 지었다 한다.

1 興

鴻雁于飛하니
홍 안 우 비

기러기 날아가니
鴻雁 : 큰 기러기와 작은 기러기

肅肅其羽로다
숙 숙 기 우

그 날개 소리 훨훨
肅肅 : 날개소리

之子于征하니
지 자 우 정

유민들이 떠나가니

劬勞于野로다
구 로 우 야

들에서 병들고 괴로웠네.
劬 : 병들 구

爰及矜人이
원 급 긍 인

불쌍한 사람이 생겨났으니
矜 : 불쌍히 여길 긍

哀此鰥寡로다
애 차 환 과

홀아비와 과부들이 슬프다네.
鰥 : 홀아비 환

2 興

鴻雁于飛하니
홍 안 우 비

기러기 날아가니

集于中澤이로다
집 우 중 택

못 가운데에 모이네.

之子于垣하니
지 자 우 원

유민들이 담을 쌓으니

百堵皆作이로다
백 도 개 작

수백 장丈의 담을 모두 쌓았네.
堵 : 담 도(5장丈의 담)

雖則劬勞나 수 즉 구 로	비록 병들고 힘들지만
其究安宅이로다 기 구 안 택	그 결과는 편안한 집이었네.
3 鴻雁于飛하니 比 홍 안 우 비	기러기 날아가니
哀鳴嗷嗷로다 애 명 오 오	우는 소리 기럭기럭 구슬퍼라 嗷嗷:슬피 우는 모양
維此哲人하니 유 차 철 인	이와 같이 어지신 분은
謂我劬勞어늘 위 아 구 로	우리를 "피곤했구나!" 위로하시는데
維彼愚人은 유 피 우 인	저 어리석은 사람은
謂我宣驕라하나다 위 아 선 교	우리를 "교만하다!" 하는구나! 宣:펼 선 驕:교만할 교

소아 홍안 鴻雁

| 소아 | 동궁 | 8 | 188 | 庭燎 정원의 횃불 |

선왕宣王이 새벽에 일어나 조회를 열면서, 혹 자신이 시간에 늦을까 경계하는 마음을 노래한 시이다.

1 **夜如何其**오
賦 야 여 하 기

밤이 얼마나 지났소?

夜未央이나
야 미 앙

아직 한밤중이 안 되었는데
央 : 가운데 앙

庭燎之光이로다
정 료 지 광

정원에 걸은 큰 횃불이 밝도다.

君子至止하니
군 자 지 지

제후들 오니

鸞聲將將이로다
난 성 장 장

말방울 소리 달랑달랑 조화롭네. 將將 : 방울 소리

2 **夜如何其**오
賦 야 여 하 기

밤이 얼마나 지났소?

夜未艾나
야 미 애

아직 밤이 다하지 않았는데
艾 : 다할 애(≒盡)

庭燎晣晣로다
정 료 제 제

정원의 큰 횃불이 희미하네.
晣 : 빛날 제(절) 晣晣 : 희미함

君子至止하니
군 자 지 지

제후들이 오니

鸞聲噦噦로다
난 성 홰 홰

말방울 소리 찰랑찰랑 절도 있네. 噦噦 : 절도 있는 소리

3 **夜如何其**오
賦 야 여 하 기

밤이 얼마나 지났소?

夜鄕晨이라
야 향 신

밤이 새벽으로 향하는데
鄕:가까울 향, 향할 향

庭燎有煇이로다
정 료 유 훈

정원 횃불 불그레한 빛이 나네.
煇:해무리 훈(휘)

君子至止하니
군 자 지 지

제후들 오니

言觀其旂로다
언 관 기 기

그 깃발들이 보이네.
旂:쌍룡이 그려진 기

| 소아 | 동궁 | 9 | 189 | 沔水 넘실대는 물 |

강물이 흘러 바다로 모이고, 새매가 날다가 먹이를 잡아채며, 거짓말로 이간질을 하면, 서로 다투는 것은 너무나 뻔한 이치인데, 선왕이 참소만 좋아하고 근심 걱정 하지 않음을 간언하는 시이다.

1 興

沔彼流水여
면 피 류 수

넘실넘실 흐르는 저 물이여!
沔 : 물 가득히 흐르는 모양 면

朝宗于海로다
조 종 우 해

바다로 모여드네.
朝 : 봄 조회 조 宗 : 여름 조회 종

鴥彼飛隼이여
휼 피 비 준

빠르게 나는 저 새매여!
鴥 : 빨리 날 휼(율)

載飛載止로다
재 비 재 지

날았다 멈췄다 하네.
載 : 이에 재, 발어사

嗟我兄弟
차 아 형 제

아! 슬퍼라. 우리 형제와

邦人諸友ㅣ
방 인 제 우

나라사람과 여러 벗들은

莫肯念亂하나니
막 긍 념 란

난리를 생각하려고 하지 않으니

誰無父母오
수 무 부 모

누군들 부모가 없을 것인가?

2 興

沔彼流水여
면 피 유 수

넘실넘실 흐르는 저 물이여!

其流湯湯이로다
기 류 상 상

탕탕거리며 흘러감이 성대하네. 湯湯 : 물 성대히 흐르는 모양

鴥彼飛隼이여 빠르게 나는 저 새매여!
휼 피 비 준

載飛載揚이로다 날다가 하늘로 솟구쳤다 하네.
재 비 재 양

念彼不蹟하야 저 도리를 따르지 않는 이들 생각하여 蹟:따를 적
염 피 부 적

載起載行호라 일어났다 돌아다녔다 안절부절 하네.
재 기 재 행

心之憂矣여 마음의 근심이여!
심 지 우 의

不可弭忘이로다 잊을 수가 없네.
불 가 미 망   弭:잊을 미

3 興

鴥彼飛隼이여 빠르게 나는 저 새매여!
휼 피 비 준

率彼中陵이로다 언덕 가운데를 따라가네.
솔 피 중 릉   率:따를 솔(=循)

民之訛言을 사람들의 거짓말을
민 지 와 언   訛:거짓 와

寧莫之懲고 어찌 금지하지 않는가?
영 막 지 징   懲:응징할 징

我友敬矣면 내 벗들 경건하였다면
아 우 경 의

讒言其興가 참소의 말 일어났을까?
참 언 기 흥

소아 동궁

沔水

| 소아 | 동궁 | 10 | 190 | 鶴鳴 학이 울면 |

선왕宣王의 사부가, 선왕에게 초야에 있는 현자를 구하라고 깨우친 시라고 한다.

1 比

鶴鳴于九皐어든
학 명 우 구 고

학이 깊은 늪에서 울면
九皐 : 깊고 먼 늪

聲聞于野니라
성 문 우 야

울음소리 들까지 들리고 (정성이 사방에 미침을 비유함)

魚潛在淵하나
어 잠 재 연

물고기 못 깊이 잠겨 있지만

或在于渚니라
혹 재 우 저

혹 물가에도 나타난다네. (이치는 어떤 곳이라도 통함을 비유)

樂彼之園에
낙 피 지 원

즐거운 저 동산에

爰有樹檀하니
원 유 수 단

멋있게 심어진 박달나무 있지만

其下維蘀이니라
기 하 유 탁

그 밑은 낙엽뿐이고 (사랑해도 단점이 있음을 알아야 함)

他山之石이
타 산 지 석

다른 산의 돌이라도

可以爲錯이니라
가 이 위 착

숫돌을 만들 수 있다네. (미워해도 장점이 있음을 알아야 함)

2 比

鶴鳴于九皐어든
학 명 우 구 고

학이 깊은 늪에서 울면

聲聞于天이니라
성 문 우 천

소리가 하늘까지 들린다네.

魚在于渚하나
어 재 우 저

고기가 물가에서 노니나

或潛在淵이니라
혹 잠 재 연

혹 못 깊은 곳에도 잠겨 있다네.

樂彼之園에
락 피 지 원

즐거운 저 동산에

爰有樹檀하니
원 유 수 단

멋지게 심어진 박달나무 있는데

其下維穀이니라
기 하 유 곡

그 밑은 오직 닥나무뿐이고

穀 : 닥나무 곡

他山之石이
타 산 지 석

다른 산의 돌이라도

可以攻玉이니라
가 이 공 옥

옥을 다듬을 수 있다네.

소아 동궁 鶴鳴

祈父什 二之四[5] (기보, 이지사)

1. 祈父 기보
2. 白駒 흰 망아지
3. 黃鳥 꾀꼬리
4. 我行其野 들에 나가니
5. 斯干 물가
6. 無羊 양이 없다 하는가
7. 節南山 높이 솟은 남산
8. 正月 정월(4월)
9. 十月之交 시월이 되면
10. 雨無正 제멋대로 내리는 비

소아 기보

---

5) '二之四' 즉 '2의 4'라고 한 것은, 앞의 2는 「소아」라는 뜻이고, 뒤의 4는 「소아」 중에 네 번째 편(「기보」)이라는 것이다.

| 소아 | 기보 | 1 | 191 | 祈父 기보 |

왕기王畿의 군사들은 왕의 호위만 해야 하는데, 선왕宣王이 태원太原의 군사가 부족하다고 해서, 기보에게 명해서 금위禁衛의 군사를 동원해 융적을 치게 하였으므로 군사들이 원망하여 지은 시이다.

1 賦

祈父아
기 보

予王之爪牙어늘
여 왕 지 조 아

胡轉予于恤하야
호 전 여 우 휼

靡所止居오
미 소 지 거

기보여! 祈父 : 司馬의 직책으로 군대의 모든 것을 관장한다.

나는 왕의 손톱과 어금니 같은 중요한 사람(금위병)인데

어찌 날 근심되는 곳으로 보내어 恤 : 근심할 휼

쉬고 거처할 곳이 없게 하였는가?

2 賦

祈父아
기 보

予王之爪士어늘
여 왕 지 조 사

胡轉予于恤하야
호 전 여 우 휼

靡所底止오
미 소 지 지

기보여!

나는 왕의 손톱 같은 병사인데

어찌 날 근심되는 곳으로 옮겨서

이를 곳이 없도록 하였나?
底 : 이를 지(저)

3 賦

祈父여
기 보

亶不聰이로다
단 불 총

기보여!

참으로 총명하지 못하네!
亶 : 참으로 단, 진실로 단

胡轉予于恤하야
호 전 여 우 휼

有母之尸饔고
유 모 지 시 옹

어찌 날 근심 되는 곳으로 보내어 尸:주관할 시 饔:조리할 옹 어머님이 직접 음식 만드는 고생을 시키는가?

| 소아 | 기보 | 2 | 192 | 白駒 흰 망아지 |

선왕의 말년에 어진 이를 등용하지 못함에 현인이 하나둘 떠나가니, 현인의 떠남을 만류하지 못함을 애석해 하는 시이다. 혹은 어진 이를 좋아하는 임금의 마음을 시로 읊은 것이라고도 한다.

1 賦

皎皎白駒ㅣ
교교백구

희고 흰 망아지
皎 : 흴 교

食我場苗라하야
식 아 장 묘

"우리 농장의 새싹 먹었다"고 핑계 대서

縶之維之하야
칩 지 유 지

(발을) 묶고 (고삐를) 매어 縶 : 줄로 맬 칩(집) 維 : 밧줄로 맬 유

以永今朝하야
이 영 금 조

오늘 아침 길고 더디게 붙잡아 두어

所謂伊人이
소 위 이 인

이른바 그 어진 사람이
伊人 : 어진 사람

於焉逍遙케호리라
어 언 소 요

여기서 더 쉬게 하려하네.
焉 : 여기 언 逍遙 : 놀다, 쉬다

2 賦

皎皎白駒ㅣ
교교백구

희고 흰 망아지

食我場藿이라하야
식 아 장 곽

"우리 농장의 콩잎 먹었다"고 핑계 대서 藿 : 콩잎 곽

縶之維之하야
칩 지 유 지

묶고 매어서

以永今夕하야
이 영 금 석

오늘 저녁 길고 더디게 붙잡아 두어

所謂伊人이 소 위 이 인	이른바 그 어진 사람이
於焉嘉客케호리라 어 언 가 객	여기서 아름다운 손님노릇 하게 하려하네.
3 皎皎白駒ㅣ 賦 교 교 백 구	희고 흰 망아지
賁然來思면 비 연 래 사	타고 빛나게 빨리 오신다면 賁然 : 빨리 옴 思 : 어조사 사
爾公爾侯하야 이 공 이 후	당신을 공公으로 삼고 후侯로 삼아
逸豫無期케호리라 일 예 무 기	편안하고 즐거움이 끝없게 하려 하오.
愼爾優游하며 신 이 우 유	노닐 생각 삼가시고 愼 : 삼갈 신
勉爾遁思어다 면 이 둔 사	은둔할 생각 신중히 하시오.
4 皎皎白駒ㅣ 賦 교 교 백 구	희고 흰 망아지
在彼空谷하니 재 피 공 곡	저 깊은 골짜기에 있으니
生芻一束이로소니 생 추 일 속	꼴 한단 베어 먹이고 있는데
其人如玉이로다 기 인 여 옥	그 망아지 주인 옥과 같네.
毋金玉爾音하야 무 금 옥 이 음	당신의 소식 금옥같이 아끼어 音 : 소식 음

而有遐心이어다   날 멀리하는 마음 두지를 마
이 유 하 심   오. 遐:멀 하

소아
기보

黃鳥

| 소아 | 기보 | 3 | 193 | 黃鳥 꾀꼬리 |

백성들이 이국땅에 유랑하며 자기의 터전을 얻지 못하는 신세를 한탄한 시이다. 꾀꼬리는 선왕을 풍자했다고 한다. 선왕의 말년에 백성들이 고향을 떠나 유리걸식하면서 고국으로 돌아가기를 염원한 것이다.

1
比

黃鳥黃鳥아 꾀꼬리야! 꾀꼬리야!
황 조 황 조

無集于穀하야 닥나무에 앉지 말아서
무 집 우 곡
穀 : 곡식 곡

無啄我粟이어다 우리 곡식 쪼아 먹지 마라.
무 탁 아 속
啄 : 쪼아먹을 탁

此邦之人이 이 나라 사람들이
차 방 지 인

不我肯穀인댄 내게 잘하기를 즐기지 않으니
불 아 긍 곡
穀 : 좋을 곡

言旋言歸하야 발길을 돌려 돌아가
언 선 언 귀
旋 : 돌아올 선 歸 : 되돌아 올 귀

復我邦族호리라 고국의 친척들에게 돌아가리.
복 아 방 족

2
比

黃鳥黃鳥아 꾀꼬리야! 꾀꼬리야!
황 조 황 조

無集于桑하야 뽕나무에 앉지 말아서
무 집 우 상
桑 : 뽕나무 상

無啄我粱이어다 내 기장 쪼아 먹지 마라.
무 탁 아 량
粱 : 기장 량

此邦之人이 차 방 지 인	이 나라 사람들이
不可與明이란대 불 가 여 명	나의 뜻을 함께 밝힐 수 없으니
言旋言歸하여 언 선 언 귀	발길 돌려 돌아가
復我諸兄호리라 복 아 제 형	내 형제들에게 돌아가리.

3 比

黃鳥黃鳥아 황 조 황 조	꾀꼬리야! 꾀꼬리야!
無集于栩하야 무 집 우 호	상수리나무에 앉지 말아서 栩 : 상수리나무 호(허)
無啄我黍어다 무 탁 아 서	내 기장 쪼아 먹지 마라. 黍 : 기장 서
此邦之人이 차 방 지 인	이 나라 사람들이
不可與處란대 불 가 여 처	함께 거처할 수 없으니
言旋言歸하야 언 선 언 귀	발길 돌려 돌아가
復我諸父호리라 복 아 제 부	우리 아버지들에게로 돌아가리.

| 소아 | 기보 | 4 | 194 | 我行其野 들에 나가니 |

선왕의 말년에 곤궁해진 백성이, 고향에서 살기가 어려워서 타국의 인척에게 의지하려 했으나, 인척이 돌보지 않으므로 신세를 한탄하며 고향으로 돌아가고자 하는 노래이다.

일설에는 남편에게 사랑을 받지 못한 여인의 슬픔을 노래한 시라 한다.

3장의 "成不以富 亦祇以異"가 『논어』 「안연」에는 "誠不以富 亦祇以異"로 되어있다.

1 賦

我行其野호니
아 행 기 야
내가 그 들에 나가니

蔽芾其樗러라
폐 패 기 저
가죽나무만 우거졌네.
芾:우거질 패 樗:가죽나무 저

昏姻之故로
혼 인 지 고
혼인한 사이기에

言就爾居호니
언 취 이 거
너의 집에 가서 의지했었네.
言:이에 언, 발어사

爾不我畜이란대
이 불 아 휵
그대가 날 돌보고 양육하지 않으니 畜:기를 휵

復我邦家호리라
복 아 방 가
우리 고향집으로 돌아가려하네.

2 賦

我行其野하야
아 행 기 야
내가 그 들에 나가

言采其蓫호라
언 채 기 축
참소리쟁이를 캤네.
蓫:참소리쟁이 축(쓸모 없는 나물)

昏姻之故로 혼 인 지 고	혼인한 사이이기에
言就爾宿호니 언 취 이 숙	너의 집에 가서 머물렀었네.
爾不我畜이란대 이 불 아 휵	그대가 날 돌보고 양육하지 않으니
言歸思復호리라 언 귀 사 복	집으로 돌아가야겠네.

3 賦

我行其野하야 아 행 기 야	내가 그 들에 나가서
言采其葍호라 언 채 기 복	잔챙이 무우나물을 캤네. 葍 : 잔무우 복(먹기 힘든 채소)
不思舊姻이요 불 사 구 인	옛 혼인을 생각하지 않고
求爾新特은 구 이 신 특	새로운 짝만 찾고 있음은 爾 : 언해본→哦 特 : 짝 특(≒匹)
成不以富나 성 불 이 부	참으로 (너의 덕을) 부유하게 하지 못했으나 成 : 참로 성(誠)
亦秖以異니라 역 지 이 이	또한 (새롭고) 이상한 것만 취함이네.

소아 기보 我行其野

| 소아 | 기보 | 5 | 195 | 斯干 물가 |

선왕이 궁전을 완공하여 잔치하고 즐기자, 시인이 그 웅장함을 노래한 시이다.

1 賦

秩秩斯干이요
질 질 사 간

질서 있게 꾸며진 물가며
秩秩 : 차례있는 모양 干 : 산골짝 시내

幽幽南山이로소니
유 유 남 산

그윽하고 깊은 남산인데

如竹苞矣요
여 죽 포 의

(터전의 견고함은) 떨기로 난 대나무 같고

如松茂矣로다
여 송 무 의

(궁실의 조밀함은) 무성한 소나무 같네.

兄及弟矣]
형 급 제 의

형과 아우들은

式相好矣요
식 상 호 의

서로 좋게 우애할 것이지

無相猶矣로다
무 상 유 의

서로 도모하는 일 없어야 하리. 猶 : 꾀할 유

2 賦

似續妣祖하야
사 속 비 조

할아버지 할머니의 뒤를 이어
似 : 이을 사 妣 : 할머니 비

築室百堵하니
축 실 백 도

500장의 담을 쌓아 집 지으니
堵 : 담 도

西南其戶로소니
서 남 기 호

서쪽 남쪽으로 문을 내었네.

爰居爰處며
원 거 원 처

곧 거처하여

爰笑爰語로다 원 소 원 어	웃고 말할 것이라네.
3 **約之閣閣**하며 賦 약 지 각 각	담 쌓는 널판 차곡차곡 올리고 閣: 겹치는 모양 각
椓之橐橐하니 탁 지 탁 탁	몽둥이로 탁탁 쳐서 담장 다지니 橐橐: 절구질 소리
風雨攸除며 풍 우 유 제	비바람을 막아내고 除: 막을 제
鳥鼠攸去로소니 조 서 유 거	새와 쥐를 몰아내네.
君子攸芋로다 군 자 유 우	군자(선왕)께서 높고 크게 거처할 곳이라네. 芋: 높고 크다
4 **如跂斯翼**하며 賦 여 기 사 익	발돋움하여 경건히 서 있는 듯 跂: 발돋움할 기 翼: 경건할 익
如矢斯棘하며 여 시 사 극	(모서리는) 곧은 화살이 나는 듯
如鳥斯革하며 여 조 사 혁	(추녀 끝은) 새가 깃을 펼치듯
如翬斯飛로소니 여 휘 사 비	(처마는) 꿩이 날아드는 듯 翬: 꿩 휘
君子攸躋로다 군 자 유 제	군자(선왕)께서 오르실 곳이라네.
5 **殖殖其庭**이며 賦 식 식 기 정	평평하고 바른 뜰이요 殖: 바를 식
有覺其楹이며 유 각 기 영	높고 곧은 큰 기둥이요 覺: 높고 클 각

噲噲其正이며 쾌 쾌 기 정	밝고 시원한 바깥채요 噲 : 밝을 쾌
噦噦其冥이로소니 홰 홰 기 명	깊숙하고 넓은 안채라. 噦 : 넓고 밝은 모양 홰
君子攸寧이로다 군 자 유 녕	군자(선왕)께서 편안히 쉬실 곳이라네.

6 賦

下莞上簟이로소니
하 관 상 점

아래는 왕골이요 그 위에 대자리를 까니 簟 : 대자리 점

乃安斯寢이로다
내 안 사 침

편안히 잠을 잘 것이라네.

乃寢乃興하야
내 침 내 흥

자고 일어나서

乃占我夢하니
내 점 아 몽

내 꿈을 점쳐보니

吉夢維何오
길 몽 유 하

길한 꿈이 무엇인가?

維熊維羆와
유 웅 유 비

작은 곰 큰 곰에

維虺有蛇로다
유 훼 유 사

살모사와 뱀 꿈이네.
虺 : 살모사 훼

7 賦

大人占之하니
대 인 점 지

점쟁이가 해몽하니

維熊維羆는
유 웅 유 비

작은 곰과 큰 곰은

男子之祥이요
남 자 지 상

아들을 낳을 좋은 징조이고

維虺維蛇는 유 훼 유 사	살모사와 뱀은
女子之祥이로다 여 자 지 상	딸을 낳을 좋은 징조라네.

8 賦
乃生男子하야 내 생 남 자	곧 아들을 낳아
載寢之牀하며 재 침 지 상	상에 재우고
載衣之裳하며 재 의 지 상	하의를 입히며
載弄之璋하니 재 롱 지 장	손에 구슬을 들려 놀게하니
其泣喤喤이로소니 기 읍 황 황	울음소리 우렁차고 우렁차네. 喤 : 우렁찰 황
朱芾斯皇하야 주 불 사 황	붉은 슬갑 빛이 나
室家君王이로다 실 가 군 왕	집과 가정을 이루어 임금 되고 제후 될 것이라네.

9 賦
乃生女子하야 내 생 여 자	곧 딸을 낳아
載寢之地하며 재 침 지 지	땅(맨바닥)에 재우고
載衣之裼하며 재 의 지 체	포대기를 덮어주며 裼 : 포대기 체
載弄之瓦하니 재 롱 지 와	손에 길쌈도구 들려 놀게 하네. 瓦 : 기와조각에 실을 감음

無非無儀라   나쁜 것 좋은 것 없이
무 비 무 의

維酒食是議하야   오직 술 만들고 밥 짓는 일을 상의 하니
유 주 식 시 의

無父母詒罹로다   부모님께 걱정 끼침이 없네.
무 부 모 이 리

罹 : 근심 리

| 소아 | 기보 | 6 | 196 | 無羊 양이 없다 하는가 |

    선왕이 목장을 잘 경영하여서, 가축이 잘 자라 제사를 풍성하게 지내고, 그 덕으로 풍년들고 자손 번창함을 칭송한 시이다.

1
賦

誰謂爾無羊이리오
수 위 이 무 양

누가 당신에게 양이 없다 말을 하랴?

三百維群이로다
삼 백 유 군

무려 300마리라네.

誰謂爾無牛리오
수 위 이 무 우

누가 당신에게 소가 없다 말을 하랴?

九十其犉이로다
구 십 기 순

7척이 넘는 큰 소가 90마리라네. 犉 : 누르고 입술 검은소 순

爾羊來思하니
이 양 래 사

당신의 양들 돌아오니

其角濈濈이로다
기 각 즙 즙

그 뿔이 평화롭고 평화롭네.

濈 : 화목할 즙, 온화할 즙

爾牛來思하니
이 우 래 사

당신의 소들 돌아오니

其耳濕濕이로다
기 이 습 습

그 귀가 윤택하고 윤택하네.

濕濕 : 윤택한 모습

2
賦

或降于阿하며
혹 강 우 아

혹 언덕에서 내려오고

或飮于池하며
혹 음 우 지

혹 못에서 물 마시며

或寢或訛로다 혹 침 혹 와	혹은 잠을 자고 혹은 깨어났네. 訛：깨어날 와, 譌로 된 판본 있음
爾牧來思하니 이 목 래 사	당신의 목동이 나오니
何蓑何笠이며 하 사 하 립	도롱이 입고 삿갓 썼으며 蓑：도롱이 사 笠：삿갓 립
或負其餱로소니 혹 부 기 후	혹은 마른 음식을 등에 졌네 餱：마른 밥 후
三十維物이라 삼 십 유 물	(희생으로 쓸 수 있는) 한 색으로만 된 짐승이 서른 가지라
爾牲則具로다 이 생 즉 구	당신의 제사에 쓸 희생이 충분하네.

3
賦

爾牧來思하니 이 목 래 사	당신의 목동 돌아오니
以薪以蒸이며 이 신 이 증	(희생을 익힐) 크고 작은 땔나무 짊어지고 蒸：섶 증, 땔나무 증
以雌以雄이로다 이 자 이 웅	(희생에 쓸) 암 짐승과 수 짐승을 잡아왔네.
爾羊來思하니 이 양 래 사	당신의 양들 돌아오니
矜矜兢兢하며 긍 긍 긍 긍	목동들 굳세고도 강하며
不騫不崩이로소니 불 건 불 붕	가축들 죽거나 떼로 병들지 않았네. 騫：이지러질 건
麾之以肱하니 휘 지 이 굉	팔을 들어 손짓하니

畢來旣升이로다
필 래 기 승

모두들 돌아와 우리에 올라와 쉬네.

4 賦

牧人乃夢하니
목 인 내 몽

목동이 곧 꿈을 꾸니

衆維魚矣며
중 유 어 의

뭇사람이 물고기가 되었고

旐維旟矣로다
조 유 여 의

현무깃발이 주작깃발 되었네.

旐 : 현무기 조 旟 : 주작기 여

大人占之하니
대 인 점 지

점쟁이가 해몽하니

衆維魚矣는
중 유 어 의

뭇 사람들이 물고기가 됨은

實維豊年이요
실 유 풍 년

풍년의 징조이고

旐維旟矣는
조 유 여 의

현무깃발이 주작깃발 됨은

室家溱溱이로다
실 가 진 진

집들이 많아질 징조라네.

溱 : 성한 모양 진

소아 기보 無羊

| 소아 | 기보 | 7 | 197 | 節南山 높이 솟은 남산 |

가보家父라는 대부가 지은 시로, 유왕幽王이 윤씨를 등용하여 난리를 초래하였음을 비난한 것이다. 1장의 "節彼南山 惟石巖巖 赫赫師尹 民具爾瞻"은 『대학』「전문 10장」에 인용되었다.

1 興

節彼南山이여
절 피 남 산

높고도 가파른 저 남산이여!

惟石巖巖이로다
유 석 암 암

바위가 첩첩이 위엄있네.
巖巖 : 바위가 쌓여 있는 모양

赫赫師尹이여
혁 혁 사 윤

위풍도 당당한 태사 윤씨여!

民具爾瞻이로다
민 구 이 첨

백성들 모두 당신만을 바라보네.

憂心如惔하며
우 심 여 담

근심하는 마음이 타는 듯하며
惔 : 탈 담

不敢戲談호니
불 감 희 담

감히 농담도 못하니

國旣卒斬이어늘
국 기 졸 참

나라가 끝내 망해가는데
卒 : 마침내 졸

何用不監고
하 용 불 감

어찌하여 살피지 않으시나?

2 賦

節彼南山이여
절 피 남 산

높고도 가파른 저 남산이여!

有實其猗로다
유 실 기 의

풀과 나무들이 가득 자라네.
實 : 가득할 실(滿) 猗 : 자랄 의(長)

赫赫師尹이여 혁 혁 사 윤	위풍도 당당한 태사 윤씨여!
不平爲何오 불 평 위 하	마음이 공평치 못함은 어찌 된 일이오?
天方薦瘥라 천 방 천 차	하늘이 거듭 재앙 내리시어 薦 : 거듭 천, 瘥 : 역질 차(채)
喪亂弘多며 상 란 홍 다	백성들 죽어가고 난리 겪음이 크고도 많으며
民言無嘉어늘 민 언 무 가	백성들이 칭찬의 말 하지 않건만
憯莫懲嗟아 참 막 징 차	어찌하여 경계와 한탄도 않으시나? 憯 : 일찍 참
3 尹氏大師ㅣ 賦 윤 시 태 사	윤씨 태사는
維周之氐라 유 주 지 저	주나라의 근본이라 氐 : 근본 저
秉國之均이란대 병 국 지 균	나라의 균형을 잡았으니 秉 : 잡을 병
四方是維하며 사 방 시 유	사방을 유지하고
天子是毗하야 천 자 시 비	천자를 도와 毗 : 도울 비
俾民不迷어늘 비 민 불 미	백성들이 헤매지 않게 해야 하련만
不弔昊天하니 부 조 호 천	하늘이 긍휼히 여기지 않으시니

소아 기보 節南山

不宜空我師니라 불 의 공 아 사	우리 태사의 자리를 비우지 말아야 할 것이라오.
4 **弗躬弗親**을 賦 불 궁 불 친	몸소 하지 않고 직접 하지 않았음을
庶民弗信하나니 서 민 불 신	백성들은 믿지 않는다네.
弗問弗仕로 불 문 불 사	물어보지 못하고 직접 하지 않았다는 말로 仕:일삼을 사
勿罔君子어다 물 망 군 자	임금을 기망하지 마오.
式夷式已하야 식 이 식 이	공평하도록 고치고 물러난다는 맘을 고쳐서 式:고칠 식
無小人殆어다 무 소 인 태	소인 때문에 나라 위태해지는 일 없게 하오.
瑣瑣姻亞는 쇄 쇄 인 아	보잘 것 없는 인척에게 姻亞:사돈어른과 사위
則無膴仕니라 즉 무 무 사	두터운 벼슬을 주지 마오. 膴:두터울 무 仕:벼슬 사
5 **昊天不傭**하야 賦 호 천 불 총	하늘이 고르지 못하여 傭:고를 총
降此鞠訩이며 강 차 국 흉	이 곤궁과 재앙을 내리시며 鞠:곤궁할 국 訩:재앙 흉
昊天不惠하야 호 천 불 혜	하늘이 사랑하지 않으시어
降此大戾샷다 강 차 대 려	이 큰 난리 내리셨네.

君子如屆면 군 자 여 계	군자께서 마음 씀을 지극히 하신다면 屆:지극할 계
俾民心闋이며 비 민 심 결	백성들의 어지러운 마음 그치게 될 것이며 闋:문 닫을 결
君子如夷면 군 자 여 이	군자께서 공평하게 마음을 쓰신다면 夷:평평할 이
惡怒是違하리라 오 로 시 위	백성들의 미움과 노여움도 멀어질 것이라오.

6 賦

不弔昊天이라 부 조 호 천	하늘이 긍휼히 여김 없으시어 弔:조문할 조
亂未有定하야 난 미 유 정	난리가 안정되지 못하고
式月斯生하야 식 월 사 생	달이 바뀌어도 이런 재앙 생겨나서
俾民不寧하나다 비 민 불 녕	백성들 편치 못하게 하시네.
憂心如酲호니 우 심 여 정	근심하는 마음 술에 취한 듯 하니 酲:숙취 정
誰秉國成이완대 수 병 국 성	누가 나라를 책임질 정권을 잡았기에 成:완성할 성(政)
不自爲政하야 부 자 위 정	직접 정사를 하지 않아
卒勞百姓고 졸 로 백 성	결국 백성들만 괴롭게 하나?

7 賦

駕彼四牡호니 가 피 사 모	저 네 마리의 숫말에 멍에 하니 駕:멍에할 가

소아 기보 節南山

四牡項領이로다마는 사 모 항 령	네 마리의 숫말이 목덜미가 크기도 한데
我瞻四方호니 아 첨 사 방	내 사방을 돌아보니
蹙蹙靡所騁이로다 축 축 미 소 빙	(땅이) 줄어들어 달릴 곳이 없네. 蹙:줄어들 축 騁:달릴 빙

8 賦

方茂爾惡일샌 방 무 이 악	너희들이 악한 일을 성대히 할 땐
相爾矛矣더니 상 이 모 의	너희들이 서로 창날 겨눈 것을 보겠더니
旣夷旣懌란 기 이 기 예	이미 풀어지고 이미 기뻐할 땐 懌:기뻐할 예(역)
如相酬矣로다 여 상 수 의	술잔 주고받는 주인과 손 같네.

9 賦

昊天不平이라 호 천 불 평	하늘이 공평하지 못하여
我王不寧이어시늘 아 왕 불 녕	우리 임금 편치 못하신데
不懲其心이요 부 징 기 심	자기 마음은 경계치 않고
覆怨其正하나다 복 원 기 정	도리어 잘못 바르게 고치는 이를 원망하네.

10 賦

家父作誦하야 가 보 작 송	나 가보(주나라 대부)가 노래를 지어
以究王訩하노니 이 구 왕 흉	임금님 재앙의 원인 궁구하니

式訛爾心하야
식 와 이 심
以畜萬邦이어다
이 휵 만 방

네(태사 윤씨) 마음 고치고 교화
하여 訛:변할 와
모든 나라를 길러야 하리.

소아 기보 節南山

| 소아 | 기보 | 8 | 198 | **正月** 정월(4월) |

　유왕幽王의 실정으로 간사한 사람이 득세하고 참언이 유행하여 나라가 혼란에 빠졌다. 이에 주나라의 대부가 한창 양기가 성할 때 서리가 내린 것에 비유하여 그 실정을 한탄한 시이다.

　11장의 "潛雖伏矣 亦孔之炤(昭)"는 『중용』「33장」에 인용되었고, 13장의 "哿矣富人 哀此惸(煢)獨"은 『맹자』「양혜왕 하」에 인용되었다.

1　**正月繁霜**이라
賦　정월 번 상
　　(음력)4월에 많은 서리 내려서

我心憂傷이어늘
아 심 우 상
　내 마음이 근심되고 슬픈데

民之訛言이
민 지 와 언
　사람들의 간사한 거짓말이
　訛 : 거짓 와

亦孔之將이로다
역 공 지 장
　또한 매우 크게 유행하네.
　將 : 클 장

念我獨兮 ㅣ
염 아 독 혜
　나 홀로 생각함에

憂心京京호니
우 심 경 경
　근심으로 끙끙대니

哀我小心이여
애 아 소 심
　슬프구나! 내 소심함이여!

癙憂以痒호라
서 우 이 양
　속 끓이고 근심하여 병들었네. 癙 : 속 끓일 서 痒 : 앓을 양

2 賦

父母生我여
부모생아

부모님 날 낳으심이여!

胡俾我瘉오
호비아유

어찌 나를 이토록 아프게 하시는가? 瘉: 앓을 유

不自我先이며
부자아선

(지금의 혼란할 때보다) 날 먼저 낳지 않으시고

不自我後로다
부자아후

(지금의 혼란할 때보다) 날 뒤에 낳지도 않으셨네.

好言自口며
호언자구

(요새 사람들) 좋은 말도 입에서만 내고

莠言自口라
유언자구

나쁜 말도 입에서만 내니
莠: 악할 유

憂心愈愈하야
우심유유

근심하는 마음이 점차 더해져서

是以有侮호라
시이유모

이 때문에 수모만 당했네.

3 賦

憂心惸惸하야
우심경경

근심하는 마음 괴롭고 괴로워 惸: 근심할 경, 외로운 몸 경

念我無祿하노라
염아무록

나의 녹이 없음(불행함)을 생각하네,

民之無辜 |
민지무고

무고한 백성들이
辜: 죄 고

幷其臣僕이로다
병기신복

모두 남의 신하와 종 될 것이네.

哀我人斯는
애아인사

슬프다! 우리 사람들은

소아 기보 正月

107

于何從祿고 우 하 종 록	어디 가서 녹을 받을까?
瞻烏爰止혼대 첨 오 원 지	저 까마귀 그치는 곳 바라보니
于誰之屋고 우 수 지 옥	뉘 집으로 날아들고?

4 興

瞻彼中林혼대 첨 피 중 림	저 숲 속을 바라보니
侯薪侯蒸이로다 후 신 후 증	오직 자잘한 땔나무만 있네. 薪 : 땔나무 신 蒸 : 잔나무 증
民今方殆어늘 민 금 방 태	백성들은 지금 위태로운데
視天夢夢이로다 시 천 몽 몽	하늘 바라보니 아득하기만 하네.
旣克有定이면 기 극 유 정	하늘이 이미 안정되면
靡人不勝이니 미 인 불 승	이기지 못할 사람 없을 것이니
有皇上帝ㅣ 유 황 상 제	위대하신 상제께서
伊誰云憎이시리오 이 수 운 증	따로이 누구를 미워하시겠나? 憎 : 미워할 증

5 賦

謂山盖卑나 위 산 개 비	산이 낮다 말하지만
爲岡爲陵이니라 위 강 위 릉	등성이가 있고 언덕이 있네.

民之訛言을 민 지 와 언	사람들의 거짓말을
寧莫之懲이로다 영 막 지 징	어찌하여 징계하지 않으시나?
召彼故老하며 소 피 고 로	저 옛 원로들을 불러서 문의하고 故老 : 옛 신하
訊之占夢하니 신 지 점 몽	점치는 관원에게 물어봤지만 占夢 : 점괘를 맡은 관리의 명칭
具曰予聖이라하니라 구 왈 여 성	모두들 "내가(자신이) 성인이라" 말하니
誰知烏之雌雄고 수 지 오 지 자 웅	누가 까마귀의 암컷 수컷을 알까?

6 賦

謂天蓋高나 위 천 개 고	하늘이 높다 말하지만
不敢不局하며 불 감 불 국	몸 굽히지 않을 수 없고 局 : 굽힐 국
謂地蓋厚나 위 지 개 후	땅이 두텁다 말하지만
不敢不蹐호라 불 감 불 척	조심조심 걷지 않을 수 없네. 蹐 : 살금살금 걸을 척
維號斯言이 유 호 사 언	외치는 이 말들이
有倫有脊이어늘 유 륜 유 척	윤리 있고 조리도 있는데 脊 : 조리 척
哀今之人은 애 금 지 인	슬프다! 요즘 사람들은

소아 기보 正月

胡爲虺蜴고 호 위 훼 석	어찌하여 살모사와 독충이 되었는고? 蜴:영원 석, 거미 탕
7 **興** 瞻彼阪田혼대 첨 피 판 전	저 언덕배기 밭 바라보니 阪田:울퉁불퉁한 험한 밭
有菀其特이어늘 유 울 기 특	홀로 자란 곡식의 싹 무성도 한데 菀:무성할 울
天之扤我여 천 지 올 아	하늘이 날 흔드심이여! 扤:흔들 올
如不我克이샷다 여 불 아 극	날 죽이지 못해 애쓰는 듯 하네.
彼求我則일샌 피 구 아 측	저들이 날 본받으려고 찾을 때는
如不我得이러니 여 불 아 득	날 얻지 못할까 근심하더니
執我仇仇ㅣ 집 아 구 구	날 원수 같이 잡고는 있지만
亦不我力하나다 역 불 아 력	또한 내 힘을 쓰지 않네.
8 **賦** 心之憂矣ㅣ 심 지 우 의	마음의 근심이여!
如或結之로다 여 혹 결 지	맺힌 듯 풀리지 않네.
今茲之政은 금 자 지 정	지금의 이 정사는
胡爲厲矣오 호 위 려 의	어찌 그리 사나운가?

燎之方揚을 요 지 방 양	타오르기 시작한 불길을 燎 : 화톳불 료
寧或滅之리오 영 혹 멸 지	어찌 끄겠는가?
赫赫宗周를 혁 혁 종 주	혁혁하게 빛나던 종주宗周를
褒姒威之로다 포 사 혈 지	포사褒姒가 멸망시키네. 威 : 멸할 혈
9 比 終其永懷호니 종 기 영 회	그 종말 길게 생각하니
又窘陰雨로다 우 군 음 우	또한 궂은 비로 궁색할 것이라. 窘 : 막힐 군, 궁해질 군
其車旣載히고 기 거 기 재	(궂은 비로 진창이 된데다) 수레에 짐 가득 싣고
乃棄爾輔하니 내 기 이 보	(짐 안떨어지게 댄) 덧방나무 버리니 輔 : 덧방나무 보
載輸爾載오야 재 수 이 재	당신 실은 짐 떨어지고서야 輸 : 떨어뜨릴 수
將伯助予로다 장 백 조 여	"백伯이여! 나를 도와 달라." 청하겠지. 將 : 청할 장(≒請)
10 比 無棄爾輔하야 무 기 이 보	당신의 덧방나무 버리지 말고
員于爾輻이요 운 우 이 복	당신의 바퀴살 보조하고 員 : 더할 운 輻 : 바퀴살 복
屢顧爾僕하면 누 고 이 복	당신의 마부를 자주 돌본다면

소아 기보 正月

111

不輸爾載하야 불 수 이 재	당신의 짐 떨어뜨리지 않아
終踰絕險이 종 유 절 험	어느덧 험악한 길 끝을 넘어 감이
曾是不意리라 증 시 불 의	특별히 마음 쓰지 않으리라.

11 比

魚在于沼하니 어 재 우 소	고기가 작은 못에 있으니
亦匪克樂이로다 역 비 극 락	또한 즐거울 수 없고 克 : 능할 극(능能)
潛雖伏矣나 잠 수 복 의	잠긴 것이 비록 깊이 숨어 있지만
亦孔之炤이로다 역 공 지 작	또한 매우 잘 보이네. (잡아먹히기 쉬움) 炤 : 밝을 작(소)
憂心慘慘하야 우 심 참 참	근심하는 마음 참담하고 참담하여
念國之爲虐하노라 염 국 지 위 학	나라의 학정을 염려하고 있네.

12 賦

彼有旨酒하며 피 유 지 주	저 사람들은 맛있는 술 있고
又有嘉殽하야 우 유 가 효	또 좋은 안주 있어 殽 : 안주 효
洽比其隣하며 흡 비 기 린	이웃과 모여 잔치하고 洽比 : 다 합하다
昏姻孔云이어늘 혼 인 공 운	인척들과 매우 친근히 오가는데 云 : 오갈 운, 친할 운

念我獨兮ㅣ 염 아 독 혜	생각하니 나만 홀로 외로이
憂心慇慇호라 우 심 은 은	근심으로 끙끙 괴로워하네. 慇 : 괴로워할 은
¹³ 賦 佌佌彼有屋하며 차 차 피 유 옥	하찮은 저들(왕이 등용한 소인)도 집이 있고 佌 : 작은 모양 차
蔌蔌方有穀이어늘 속 속 방 유 곡	가난하고 누추하던 이들도 녹봉이 있는데 蔌蔌 : 구차한 모양
民今之無祿은 민 금 지 무 록	백성들만 지금 녹이 없으니
天夭是椓이로다 천 요 시 탁	하늘이 재앙으로 치심이라. 夭 : 재난 요 椓 : 칠 탁.
哿矣富人이어니와 가 의 부 인	부자들은 그래도 좋겠지만 哿 : 좋을 가
哀此惸獨이로다 애 차 경 독	슬프다! 외롭게 홀로된 이들이여! 惸 : 외로울 경

혹은 '天夭是椓'의 天夭를 夭夭로 보아 '예쁜 백성을 소인이 친 것'으로 해석하기도 한다.

소아 기보 正月

| 소아 | 기보 | 9 | 199 | **十月之交** 시월이 되면 |

유왕幽王이 포사에게 빠져 있는 것을 보고, 주나라의 대부가 비난한 시이다. 포사가 유왕을 홀린 것을 음기(달, 소인, 간신)가 양기(태양, 왕, 충신)를 잠식(일식)한 것에 비유해서 읊었다.

1
賦

十月之交
십 월 지 교

10월의 해와 달 교차되는
十月 : 하나라 8월(純陰의 달)

朔日辛卯에
삭 일 신 묘

초하루 신묘辛卯일에

日有食之하니
일 유 식 지

일식 일어나니
(순음의 달에 일식까지 일어나니)

亦孔之醜로다
역 공 지 추

또한 매우 좋지 않은 일이라.

彼月而微어니와
피 월 이 미

저 달이야 이지러진다 하지만

此日而微여
차 일 이 미

이 해의 이지러짐이여!(군자가 소인에게 해침을 당함) 微 : 어두울 미

今此下民이
금 차 하 민

지금의 이 백성들이

亦孔之哀로다
역 공 지 애

또한 매우 슬프다네.

2
賦

日月告凶하야
일 월 고 흉

해와 달이 흉함을 알려

不用其行하니
불 용 기 행

자기의 길 가지 않는데

四國無政하야	사방의 나라들 올바른 정사가 없어
사 국 무 정	
不用其良이로다	어진 이를 쓰지 않네.
불 용 기 량	
彼月而食은	저 달의 월식은
피 월 이 식	
則維其常이어니와	그래도 보통의 일이라지만
즉 유 기 상	
此日而食이여	이 해의 일식이여!
차 일 이 식	
于何不臧고	어찌도 이리 좋지 않은가?
우 하 부 장	臧 : 좋을 장

3 賦

燁燁震電이	번쩍번쩍 천둥과 번개
엽 엽 진 전	燁 : 번쩍번쩍 빛날 엽
不寧不令이로다	편치 않고 좋지 않네.
불 녕 불 령	令 : 착할 령
百川沸騰하며	냇물들은 끓어 오르고
백 천 비 등	沸 : 끓을 비
山冢崒崩하야	산과 언덕 무너져
산 총 줄 붕	冢 : 언덕 총 崒 : 무너질 줄
高岸爲谷이요	높은 언덕 골짜기 되고
고 안 위 곡	
深谷爲陵이어늘	깊은 골짜기 언덕이 되었는데
심 곡 위 릉	
哀今之人은	슬프다! 지금의 사람들은
애 금 지 인	

소아 기보 十月之交

胡憯莫懲고 호 참 막 징	어찌 일찍 경계치 않나? 憯 : 일찍 참
4 賦 皇父卿士요 황 보 경 사	황보皇父가 6경의 우두머리이고
番維司徒요 번 유 사 도	번番씨가 사도이며 番 : 성씨 번, 땅이름 반
家伯爲宰요 가 백 위 재	가백家伯이 총재고
仲允膳夫요 중 윤 선 부	중윤仲允이 선부(음식을 맡은 벼슬, 6경의 하나)이며
棸子內史요 추 자 내 사	추자棸子가 내사이고 棸 : 성씨 추
蹶維趣馬요 궤 유 추 마	궤蹶씨가 추마(왕의 말을 관장)이며 蹶 : 성씨 궤(궐)
楀維師氏어늘 구 유 사 시	구楀씨가 사씨이거늘(이렇게 일곱 간신이 보필하니) 楀 : 성씨 구(우)
豔妻煽方處로다 염 처 선 방 처	요염한 여인(포사)이 기세좋게 황후가 되었네. 煽 : 불길 셀 선
5 賦 抑此皇父ㅣ 억 차 황 보	아니! 이 사람 황보皇父시여! 抑 : 발어사
豈曰不時리오마는 기 왈 불 시	어찌 '때(농사철)가 아니라'고 말할까마는
胡爲我作호대 호 위 아 작	어이해서 우리를 움직이는데
不卽我謀오 불 즉 아 모	우리에게 상의하러 오지 않나? 卽 : 나아갈 즉

徹我牆屋하야 철 아 장 옥	우리의 담과 집을 철거하여
田卒汚萊어늘 전 졸 오 래	농장이 결국 웅덩이 되고 잡초 났거늘 萊:풀이 나서 묵을 래
曰予不戕이라 왈 여 부 장	"내가 해친 것이 아니고
禮則然矣라하나다 예 즉 연 의	예법이 그렇다"고 말하네.

6 賦
皇父孔聖하야 황 보 공 성	황보가 매우 성스럽다 하여
作都于向하고 작 도 우 상	상向땅에 도읍을 만들고 向:땅이름 상
擇三有事호대 택 삼 유 사	삼경三卿을 뽑는데
亶侯多藏하며 단 후 다 장	전적으로 재산이 많은 이들만 선발을 하며 亶:信 侯:維
不憖遺一老하야 불 은 유 일 로	억지로 한 사람의 원로라도 남겨두어 憖:억지로 은
俾守我王하고 비 수 아 왕	우리 왕을 지키게 하지 않고
擇有車馬하야 택 유 거 마	수레와 말이 있는 이들 가려서
以居徂向이로다 이 거 조 상	상向땅에 가 살게 하네.

7 賦
黽勉從事하야 민 면 종 사	수고롭고 힘들게 일하면서 黽:힘쓸 민

소아 기보 十月之交

不敢告勞호라 불 감 고 로	감히 고되다는 말도 못했네.
無罪無辜어늘 무 죄 무 고	죄도 없고 허물도 없는데
讒口ㅣ囂囂로다 참 구 효 효	참소의 입들만 떠들썩하네. 囂囂 : 무리가 떠들썩한 모양
下民之孽이 하 민 지 얼	백성들이 받는 재앙이 孽 : 재앙 얼
匪降自天이라 비 강 자 천	하늘로부터 내린 것이 아니라
噂沓背憎이 준 답 패 증	모여 떠들고 돌아서면 서로 미워함이 噂沓 : 모이고 거듭 쌓임
職競由人이니라 직 경 유 인	전적으로 참소하는 사람들 때문이라네. 職競 : 오로지 힘씀

8 賦

悠悠我里여 유 유 아 리	근심이 그치지 않는 내가 사는 곳이여! 里 : 살 리, 거주할 리
亦孔之痗로다 역 공 지 매	또한 매우 마음이 아프네. 痗 : 앓을 매
四方有羨이어늘 사 방 유 연	사방이 모두 여유가 있는데 羨 : 여유로울 연(선)
我獨居憂하며 아 독 거 우	나만 홀로 근심에 살며
民莫不逸이어늘 민 막 불 일	백성들 편히 즐기지 않는 이 없는데
我獨不敢休호니 아 독 불 감 휴	나만 홀로 감히 쉬지도 못하니

天命不徹이니 하늘의 운명이 고르지 못함이라 徹:고를 철
천 명 불 철

我不敢傚 나만은 본받지 않으려 하네.
아 불 감 효

我友自逸호나라 내 벗들의 스스로 안일함을!
아 우 자 일

소아 기보 十月之交

| 소아 | 기보 | 10 | 200 | 雨無正 제멋대로 내리는 비 |

나라에 기근이 심하고 유왕幽王이 폭정을 하여 신하들이 흩어졌다. 왕은 마음 고칠 생각을 않고, 신하들 보고 돌아오라고 해도 저주의 말을 하며 싫다하니, 차마 떠나지 못한 주나라의 하급 신하가 유왕을 비난하며 동시에 떠나간 상급자를 책망한 것이다.

1
賦

浩浩昊天이
호 호 호 천

넓고 크신 하느님이

不駿其德하사
부 준 기 덕

그 덕 크게 베풀지 않으시어

駿: 클 준

降喪饑饉하야
강 상 기 근

기근을 내려 백성들 상하게 하시어

斬伐四國하시나니
참 벌 사 국

사방의 나라를 치시니

旻天疾威라
민 천 질 위

넓고 크신 하느님이 빠른 위엄 부리시느라 疾威: 포악함

弗慮弗圖삿다
불 려 불 도

백성들을 염려하고 도모해주시지 않으시네.

舍彼有罪는
사 피 유 죄

저 죄 있는 자를 버려둔 것은

旣伏其辜어니와
기 복 기 고

그 죄로 죽는다지만

若此無罪는
약 차 무 죄

이 같이 죄 없는 이들을

淪胥以鋪아 윤 서 이 포	서로 재앙에 빠지게 하시나? 淪 : 빠질 륜 胥 : 서로 서 鋪 : 병들 포
2 賦 周宗旣滅하야 주 종 기 멸	주나라 종실이 이미 멸망하여
靡所止戾하며 미 소 지 려	머무르고 안정할 곳 없고 戾 : 안정할 려
正大夫離居하야 정 대 부 리 거	정대부(六官의 우두머리)들은 떠나가
莫知我勩하며 막 지 아 예	나의 수고를 알지 못하며 勩 : 수고로울 예
三事大夫ㅣ 삼 사 대 부	삼공(三公)들은
莫肯夙夜하며 막 긍 숙 야	이른 아침부터 밤늦게까지 일하기를 즐겨하지 않고
邦君諸侯ㅣ 방 군 제 후	작은 나라의 임금과 제후들도
莫肯朝夕일새 막 긍 조 석	아침저녁으로 문안을 드리지 않네.
庶曰式臧이어늘 서 왈 식 장	모두 "왕께서 마음 고쳐 잘하실거야" 말하지만
覆出爲惡이로다 복 출 위 악	다시 나가 악한 일만 하시네.
3 賦 如何昊天하 여 하 호 천	어찌할꼬? 넓고 크신 하느님이시여!
辟言不信하니 벽 언 불 신	법도에 맞는 말을 믿지 않으시니 辟言 : 법

소아 기보 雨無正

如彼行邁ㅣ 여 피 행 매	저같이 가다보면
則靡所臻이로다 즉 미 소 진	이를 곳이 없네. 臻 : 이를 진
凡百君子는 범 백 군 자	여러 신하들은
各敬爾身이어다 각 경 이 신	각기 자기 몸을 삼가 하오.
胡不相畏리오 호 불 상 외	어찌 서로 경외하지 않으랴!
不畏于天가 불 외 우 천	하늘이 두렵지 않은가?

4 賦

戎成不退하며 융 성 불 퇴	적의 군사 쳐들어와도 (악의 길에서) 그만두지 않으며
飢成不遂하야 기 성 불 수	기근이 들어도 (착한 길에) 나아가지 않아
曾我暬御ㅣ 증 아 설 어	가까이 모시는 우리들 暬御 : 측근에서 모시는 신하.
憯憯日瘁어늘 참 참 일 췌	근심되고 근심되어 날마다 병이 드는데 瘁 : 병들 췌
凡百君子ㅣ 범 백 군 자	여러 신하들
莫肯用訊이요 막 긍 용 신	즐겨 임금님께 고하지 않고
聽言則答하며 청 언 즉 답	(묻는) 말을 들으면 대답만 하며

讒言則退하나다 참 언 즉 퇴	참언이 일어나면 물러만 가네.
5 哀哉不能言이여 賦 애 재 불 능 언	슬프다! 말할 수 없음이여!
匪舌是出이라 비 설 시 출	혀로 말하지 못할 뿐 아니라
維躬是瘁로다 유 궁 시 췌	몸마저 병이 드네.
哿矣能言이여 가 의 능 언	좋구나! 말 잘하는 사람들이여! 哿:좋을 가
巧言如流하야 교 언 여 류	교묘한 말을 물 흐르는 듯이 하여
俾躬處休로다 비 궁 처 휴	몸 편히 거처하게 하네.
6 維曰于仕나 賦 유 왈 우 사	오직 벼슬을 하겠다 말들 하지만
孔棘且殆로다 공 극 차 태	매우 급박하고 위태하다네.
云不可使는 운 불 가 사	"벼슬할 수 없다" 말하는 이는
得罪于天子요 득 죄 우 천 자	천자에게 죄를 얻고
亦云可使는 역 운 가 사	"벼슬하겠다" 말하는 이는
怨及朋友로다 원 급 붕 우	또한 원망이 벗들에게 미치네.

7
賦

謂爾遷于王都라하면
위 이 천 우 왕 도
당신에게 왕도王都로 이사오라 말했더니

曰予未有室家라하야
왈 여 미 유 실 가
"내가 (왕도엔) 집이 없다" 말하면서

鼠思泣血하야
서 사 읍 혈
속을 끓이고 피눈물을 흘리며 鼠:속끓일 서(=癙)

無言不疾하나니
무 언 부 질
아프게 하지 않는 말이 없네.

昔爾出居엔
석 이 출 거
옛적 당신이 왕도에 나와 있을 때

誰從作爾室오
수 종 작 이 실
당신을 따라가며 집 지어준 사람 있었나?

小旻什 二之五[6] (소민, 이지오)

1. 小旻 자애로운 하늘
2. 小宛 작은 새
3. 小弁 즐거운 갈가마귀
4. 巧言 교묘한 참언
5. 何人斯 누구인가?
6. 巷伯 환관
7. 谷風 동녘 바람
8. 蓼莪 쑥쑥 크는 다북쑥
9. 大東 동쪽의 큰 제후국
10. 四月 사월

---

6) 二之五 즉 '2의 5'라고 한 것은, 앞의 2는 「소아」라는 뜻이고, 뒤의 5는 「소아」 중에 다섯 번째 편(「소민」)이라는 것이다.

| 소아 | 소민 | 1 | 201 | 小旻 자애로운 하늘 |

대부가 유왕幽王의 실정을 비판한 시이다. 「소민小旻」이라고 '소'자를 넣은 것은 「소아」에 속한 시임을 밝힌 것이다. 바로 다음 시인 「소완小宛 소변小弁 소명小明」도 같은 이유로 '소'자를 썼다.

'민천'은 자애로운 하느님 또는 가을하늘을 뜻한다. 사람(특히 유왕)이 잘못해서 자애로운 하느님이 포학을 부리게 되었다는 것이다.

1
賦

旻天疾威ㅣ
민 천 질 위

자애로운 하느님이 사나운 위엄을 疾: 사나울 질

敷于下土하야
부 우 하 토

온누리에 펴시네

謀猶回遹하니
모 유 회 율

(왕의) 꾀함이 간사하니 猶: 꾀할 유 回遹: 간사하고 편벽됨

何日斯沮오
하 일 사 저

어느 날에나 그칠고?
沮: 그만둘 저

謀臧으란 不從하고
모 장   부 종

좋은 계책은 따르지 않고
臧: 좋을 장

不臧으란 覆用하나니
부 장   복 용

좋지 않은 계책은 도리어 쓰네. 언해본의 '을아'를 '으란'으로 고침

我視謀猶혼대
아 시 모 유

내 그 계책을 보니

亦孔之邛이로다
역 공 지 공

또한 매우 병들었네.
邛: 병들 공

2
賦

潝潝訿訿하나니
흡 흡 자 자

화합하다가 헐뜯으니
潝: 화합할 흡　訿: 헐뜯을 자

亦孔之哀로다
역 공 지 애

이 또한 매우 슬픈 일이라.

謀之其臧^{이란}
모 지 기 장

좋은 계책은

則具是違하고
즉 구 시 위

모두 어기고

謀之不臧^{이란}
모 지 부 장

좋지 못한 계책만
언해본의 '을아'를 '으란'으로 고침

則具是依하나니
즉 구 시 의

모두 의지하네.

我視謀猶혼대
아 시 모 유

내 그 계책을 살펴보니

伊于胡底오
이 우 호 지

어찌 안정을 이룰 수 있겠나?
伊: 발어사 이　底: 이를 지(저)

3
賦

我龜旣厭이라
아 귀 기 염

내 거북점도 이미 싫어해서

不我告猶하며
불 아 고 유

계책을 내게 알려주지 않고

謀夫孔多라
모 부 공 다

계책을 내는 사람 너무도 많아

是用不集이로다
시 용 부 집

계책이 성공하지 못하네.
集: 모여 완성할 집

發言盈庭하니
발 언 영 정

말하는 이 조정에 가득 차니

| 국풍 | 주남 | 1 | 1 | 關雎 암수 화합하는 물수리 |

주나라 궁인들이 문왕의 비妃인 태사太姒의 그윽하고 여유롭고 곧고 얌전한 덕을 기리기 위해 칭송한 시라 한다. 공자는 "「관저」시는 즐거우면서도 지나치지 않고, 슬프면서도 마음 상하지 않는다(關雎 樂而不淫 哀而不傷)."고 하였다.

또 「논어」「陽貨」에 "子謂伯魚曰 女爲周南·召南矣乎? 人而不爲周南·召南 其猶正牆面而立也與!"라고 하여 「周南」·「召南」을 중시하였다.

※ 흥체興體는 사물을 먼저 말하여, 그것으로 시상을 삼은 시 형태를 말한다.

시경
맨 앞부분입니다.

국풍 주남
關雎

1 興
關關雎鳩ㅣ
관 관 저 구

在河之洲로다
재 하 지 주

窈窕淑女ㅣ
요 조 숙 녀

君子好逑로다
군 자 호 구

껑껑거리는 암수 물수리
(회답하는 소리 조화롭고)
(그 물수리) 황하수 모래톱에 있네.

그윽하고 우아하며 현숙한 아가씨는 窈:정숙할 조

군자의 좋은 짝이라네.
逑:짝 구

❶ 국풍편
❷ 소아편
❸ 대아송

2 興
參差荇菜를
참 치 행 채

左右流之로다
좌 우 유 지

窈窕淑女를
요 조 숙 녀

크고 작은 마름 나물을
参:들쑥날쑥할 참 差:어긋날 치

흐름 따라 이리저리 뜯고 있네. 流:흐름따라 취할 류

그윽하고 우아하며 현숙한 아가씨를

9

『손에 잡히는 시경』 한 눈에 원문과 해석을 함께 볼 수 있으며, 정확한 음을 달았기 때문에, 가지고 다니며 외우기 좋습니다.

● 대유학당 서적구매 www.daeyou.or.kr ● 연락처 02-2249-5630
● 계좌번호 국민 807-21-0290-497(윤상철)

寤寐求之로다 오 매 구 지	자나 깨나 찾고 있네. 寤: 잠깰 오 寐: 잠잘 매
求之不得이라 구 지 부 득	찾아도 얻을 수 없어
寤寐思服하야 오 매 사 복	자나 깨나 그리워하여 服: 생각할 복
悠哉悠哉라 유 재 유 재	(이 밤이) 길고도 길어라 悠: 멀 유
輾轉反側하소라 전 전 반 측	엎치락뒤치락 하고 있네. 輾: 구를 전 側: 기울 측

3 興

參差荇菜를 참 치 행 채	크고 작은 마름 나물을
左右采之로다 좌 우 채 지	이리저리 뜯어서 고르네. 采: 뜯어서 고를 채
窈窕淑女를 요 조 숙 녀	그윽하고 우아하며 현숙한 아가씨를
琴瑟友之로다 금 슬 우 지	거문고와 비파로 친하게 벗하네.
參差荇菜를 참 치 행 채	크고 작은 마름 나물을
左右芼之로다 좌 우 모 지	이리저리 익혀서 올리네. 芼: 익힐 모
窈窕淑女를 요 조 숙 녀	그윽하고 우아하며 현숙한 아가씨를
鐘鼓樂之로다 종 고 낙 지	종 울리고 북 치며 즐거워하네.

誰敢執其咎오 수 감 집 기 구	누가 감히 그 허물을 잡아낼고?
如匪行邁謀라 여 비 행 매 모	실행은 않고 꾀만 내는 것 같아서 邁:갈 매 邁謀:꾀만 내다
是用不得于道로다 시 용 부 득 우 도	길을 찾지 못하네.

4 賦

哀哉爲猶여 애 재 위 유	슬퍼라. 계책을 함이여!
匪先民是程이며 비 선 민 시 정	옛 성현들의 법도 아니며 程:법도 정
匪大猶是經이요 비 대 유 시 경	큰 도리를 실행함도 아니요 經:떳떳할 경
維邇言是聽이며 유 이 언 시 청	오직 지엽적인 말만 들으며
維邇言是爭하나니 유 이 언 시 쟁	지엽적인 말만을 다투고 있네.
如彼築室于道謀라 여 피 축 실 우 도 모	마치 길가는 사람들과 상의해서 집을 짓는 것 같아
是用不潰于成이로다 시 용 불 궤 우 성	일이 이루어지지 못하네. 潰:이룰 궤

5 賦

國雖靡止나 국 수 미 지	국론이 정해지지 못했지만
或聖或否며 혹 성 혹 부	혹 성스럽고 혹 아닌 것도 있으며 否:아닐 부(협운 '비')
民雖未膴나 민 수 미 호	백성이 많지는 않지만 膴:클 호(무)

소아 소민 小旻

或哲或謀며 혹 철 혹 모	혹 현철란 이도 있고 혹 꾀 있는 이도 있으며
或肅或艾니 혹 숙 혹 예	혹 경건하고 혹 수양 잘된 이도 있으련만 艾:다스릴 예(애)
如彼流泉하야 여 피 류 천	저 흐르는 샘물과 같아
無淪胥以敗아 무 륜 서 이 패	모두 함께 빠져서 패망하지 않을까? 淪:빠질 륜 胥:서로 서

6 賦

不敢暴虎와 불 감 포 호	사람들이 맨손으로 호랑이를 잡지 않고 暴:맨손으로 칠 포
不敢馮河를 불 감 빙 하	맨발(도구 없이)로 하수를 건너지 않음은 馮:맨발로 건널 빙
人知其一이요 인 지 기 일	그 하나만 알고(눈에 보이는 위험만 알고)
莫知其他로다 막 지 기 타	다른 것은(눈에 보이지 않는 위험이 더 위험하다는 것은) 모름일세.
戰戰兢兢하야 전 전 긍 긍	부디 두려워하며 삼가해서 兢兢:경계하는 모양
如臨深淵하며 여 림 심 연	깊은 못에 임한 것 같이 하고
如履薄冰호라 여 리 박 빙	얇은 얼음을 밟는 것 같이 하기를! 履:밟을 리

| 소아 | 소민 | 2 | 202 | 小宛 작은 새 |

어지러운 때를 만나서 대부형제가 서로를 경계한 말이다. 혹은 주나라의 대부가 주나라의 선조(문왕 무왕)는 훌륭하였는데, 그 후손(유왕 려왕)이 나라를 어지럽힌 것에 대해 한탄한 시라고도 한다.

1 興

宛彼鳴鳩여
완 피 명 구

저 알록달록 작은 비둘기여!
宛 : 작을 완 鳴鳩 : 알록달록한 비둘기

翰飛戾天이로다
한 비 려 천

날아서 하늘에 오르네.
戾 : 이를 려

我心憂傷이라
아 심 우 상

내 마음 슬픔에 젖어

念昔先人호라
염 석 선 인

돌아가신 조상님들 생각 하네. 先人 : 先王으로 보기도 한다

發明不寐하야
발 명 불 매

날이 새도록 잠 못 이루고

有懷二人호라
유 회 이 인

부모님(二人)을 생각했네.
二人 : 문왕 무왕이라는 설도 있다.

2 賦

人之齊聖은
인 지 제 성

경건하고 밝은 사람은
齊 : 엄숙할 제 聖 : 밝게 통할 성

飮酒溫克이어늘
음 주 온 극

술을 마셔도 온순하고 자기 몸 이기지만

彼昏不知는
피 혼 부 지

저 어두워 지혜롭지 못한 이는

一醉日富로다
일 취 일 부

한 번 취하면 날마다 더 취하네.

各敬爾儀어다 각 경 이 의	각기 자신의 행동을 경건히 해야 할 것이니
天命不又니라 천 명 불 우	하늘의 명은 다시 오지 않네. 又 : 다시 돌아올 우(≒復)

3興

中原有菽이어늘 중 원 유 숙	언덕에 열린 콩 있으니 菽 : 콩 숙
庶民采之로다 서 민 채 지	서민들이 콩을 따네.
螟蛉有子어늘 명 령 유 자	푸른 명령(뽕나무 애벌레) 있으니 螟蛉 : 뽕나무 벌레
蜾蠃負之로다 과 라 부 지	나나니벌이 지고 가네. 蜾蠃 : 나나니벌(명령을 양자로 삼는다)
敎誨爾子하야 교 회 이 자	네 자식들을 가르치고 타일러
式穀似之하라 식 곡 사 지	착하게 고쳐 선하게 써야 할 것이라네. 穀 : 좋을 곡

4興

題彼脊令혼대 제 피 척 령	저 할미새를 바라보니 題 : 볼 제 脊令 : 할미새
載飛載鳴이로다 재 비 재 명	날아가며 (동시에) 지저귀네.
我日斯邁어든 아 일 사 매	내 날마다 매진해 가니
而月斯征이라 이 월 사 정	너 또한 달마다 매진해 가야 할 것이네. 征 : 갈 정
夙興夜寐하야 숙 흥 야 매	일찍 일어나고 밤늦게 자서

無忝爾所生이어다 무 첨 이 소 생	낳아주신 부모님 욕되게 말아야 할 것이라네. 忝:욕될 첨
5 興 交交桑扈여 교 교 상 호	이리저리 나는 상호(벌레만 먹고 곡식은 먹지 않는 새)여!
率場啄粟이로다 솔 장 탁 속	마당을 따라가며 곡식을 쪼아 먹네.(곡식까지 빼앗아 먹음)
哀我塡寡여 애 아 전 과	슬프다! 우리 병든 이와 과부들이여! 塡:앓을 전(=瘨)
宜岸宜獄이로다 의 안 의 옥	옥살이가 더 편안하다네. 岸:옥 안(鄕 亭의 감옥=犴)
握粟出卜하야 악 속 출 복	곡식 한줌 쥐고 나가 점을 쳐
自何能穀고호라 자 하 능 곡	어찌하면 잘 살까 물어보려네.
6 賦 溫溫恭人이 온 온 공 인	온화하고 공손한 사람이
如集于木하며 여 집 우 목	나무 위에 있는 듯이 (두려워)하며
惴惴小心이 췌 췌 소 심	두려워하고 조심하는 마음이 惴;두려워할 췌
如臨于谷이라 여 림 우 곡	깊은 골에 임한 듯하네.
戰戰兢兢하야 전 전 긍 긍	두려워하고 삼가해서
如履薄冰호라 여 리 박 빙	얇은 얼음을 밟는 것 같이 하네.

소아 소민 小宛

| 소아 | 소민 | 3 | 203 | 小弁 즐거운 갈가마귀 |

유왕幽王이 신申나라의 공주(신후申后)를 맞아들여 태자 의구宜臼를 낳았다. 뒤에 포사褒姒를 얻어 아들 백복을 낳게 되자, 포사의 참언을 믿어서 신후와 태자 의구를 내쫓으니, 의구가 이 시를 지었다고 한다.

『맹자』「고자 下」에서는 "'소반'의 원망함은 어버이를 친애하는 마음에서 나온 것이다. 어버이를 친애하는 것은 인仁"이라고 하고, "'소반'은 어버이의 허물이 큰 것이다. 어버이의 허물이 큰데도 원망하지 않으면 더욱 소원해진다."고 해서 자식이 부모의 잘못된 사랑을 원망하는 시라고 하였다.

1. 弁彼鸒斯여
반 피 여 사

즐겁게 나는 갈가마귀여!
弁 : 즐거울 반 鸒 : 갈가마귀 여

歸飛提提로다
귀 비 시 시

떼지어 날아 제 집으로 돌아가네. 提提 : 떼지어 나는 모양

民莫不穀이어늘
민 막 불 곡

백성들 못 사는 이 없는데
穀 : 좋을 곡

我獨于罹호라
아 독 우 리

나만 홀로 근심을 하네.
罹 : 근심할 리

何辜于天고
하 고 우 천

하늘에 무슨 죄를 지었나?
辜 : 허물 고

我罪伊何오
아 죄 이 하

내 죄가 무엇인가?

心之憂矣여
심 지 우 의

마음의 근심이여!

云如之何오 운 여 지 하	어찌해야 할까?
2 跊跊周道여 興 척 척 주 도	평탄하고 평탄한 큰길이여! 跊 : 평탄할 척(축)
鞠爲茂草로다 국 위 무 초	끝내 무성한 풀밭이 되었네. 鞠 : 궁할 국
我心憂傷이여 아 심 우 상	내 마음의 근심과 슬픔이여!
怒焉如擣로다 역 언 여 도	아프기가 가슴을 찧는 듯하네. 怒 : 걱정할 녁 擣 : 두드릴 도
假寐永嘆하야 가 매 영 탄	잠시 누워 길게 한탄을 하여 假寐 : 의관을 벗지 않고 잠을 잠
維憂用老호니 유 우 용 로	오직 근심으로 늙어만 가니
心之憂矣라 심 지 우 의	마음이 근심되어
疢如疾首호라 진 여 질 수	머리가 깨질듯 아프네. 疢 : 열병 진
3 維桑與梓도 興 유 상 여 재	뽕나무와 가래나무라도 梓 : 가래나무 재(자)
必恭敬止온 필 공 경 지	(어버이가 심었다면) 반드시 공경하는 법인데
靡瞻匪父며 미 첨 비 부	아버지 말고 누구를 우러르며
靡依匪母가 미 의 비 모	어머니 말고 누구를 의지하겠는가?

소아 소민

小弁

不屬于毛며 불 촉 우 모	어찌 어버이에게 털끝도 닿지 않고 자라났을 것이며
不離于裏아 불 리 우 리	어찌 어머니의 배속에서 나오지 않음이 있겠는가?
天之生我여 천 지 생 아	하늘이 날 낳으심이여!
我辰安在오 아 신 안 재	나의 (좋은) 때는 어디 있는가? 辰 : 때 신

4 興 菀彼柳斯에
울 피 류 사
무성한 저 버드나무엔
菀 : 무성할 울

鳴蜩嘒嘒며
명 조 혜 혜
매미 우는 소리 맴맴 하며
嘒 : 가냘플 혜

有漼者淵에
유 최 자 연
깊은 못엔

萑葦淠淠로다
환 위 베 베
물 억새 한들한들 많네.
萑 : 물 억새 환 淠 : 많은 모양 베(비)

譬彼舟流ㅣ
비 피 주 류
마치 물결 따라 흘러가는 배 같아

不知所屆로소니
부 지 소 계
이를 곳을 모르겠네.
屆 : 이를 계

心之憂矣라
심 지 우 의
마음이 근심되는지라

不遑假寐호라
불 황 가 매
잠시 누워 잘 겨를이 없네.

5 興 鹿斯之奔에
녹 사 지 분
노루 달아나는데

維足伎伎며 유 족 기 기	발 천천히 옮겨 무리를 돌보며 伎: 천천히 할 기
雉之朝雊에 치 지 조 구	꿩도 아침에 울어 雊: 장끼 울음 구
尚求其雌어늘 상 구 기 자	그 짝을 찾는데
譬彼壞木이 비 피 회 목	마치 저 상한 나무 壞: 앓을 회, 무너질 괴
疾用無枝니 질 용 무 지	병들어 가지가 없는 것 같으니
心之憂矣를 심 지 우 의	마음의 근심을
寧莫之知오 영 막 지 지	어찌 아는 이 없는고?

6 興

相彼投兎요 상 피 투 토	저 쫓겨서 달아나는 토끼를 보고
尚或先之며 상 혹 선 지	그래도 혹 먼저 도망치게 해주며 先之: 놓아주다
行有死人이어든 행 유 사 인	길에 죽은 사람이 있으면
尚或墐之하나니 상 혹 근 지	그래도 혹 묻어주기도 하는데 墐: 무덤을 만들어 주다
君子秉心은 군 자 병 심	우리 님의 마음가짐은
維其忍之로다 유 기 인 지	오직 잔인한 일만 하시네.

소아 소민 小弁

心之憂矣라 심 지 우 의	마음에 근심되어
涕旣隕之호라 체 기 운 지	눈물이 이미 떨어지네.

7 興

君子信讒이 군 자 신 참	우리 님이 참소의 말 믿기를
如或酬之며 여 혹 수 지	(술 마실 때에) 답잔을 받는 것 같이 (쉽게) 하며
君子不惠라 군 자 불 혜	우리 님이 날 사랑하지 않아
不舒究之로다 불 서 구 지	천천히 규명을 하지 않네(참언자의 말을 곧바로 믿네).
伐木掎矣며 벌 목 기 의	나무를 벨 때 그 끝 가지를 먼저 베고 掎:의지할 기(倚)
析薪杝矣어늘 석 신 치 의	장작을 팰 때도 결에 따라 패는데 杝:나무결을 따라 쪼갤 치
舍彼有罪요 사 피 유 죄	저 죄 있는 사람은 놓아두고
予之佗矣로다 여 지 타 의	내게만 죄를 더하네. 佗:더할 타

8 賦而比

莫高匪山이며 막 고 비 산	높아도 산이 아닌 것이 없으며(사람이 그 정상을 오를 수 있다)
莫浚匪泉가 막 준 비 천	깊다고 샘이 아닌가?(사람이 그 밑바닥에 도달할 수 있다)
君子無易由言이어다 군 자 무 이 유 언	님이시여! 쉽게 말을 하지 마오. 담에도 귀가 있었다오.

耳屬于垣이니라 이 촉 우 원	屬 : 붙을 촉 (산이나 샘을 갈 수 있듯이, 결국 비밀스런 말도 알게 된다)
無逝我梁하야 무 서 아 량	내 어량에 가지 말아서
無發我笱언마는 무 발 아 구	내 통발의 고기를 꺼내지 못하도록 해야 하련만
我躬不閱이온 아 궁 불 열	내 몸도 돌보지 못하는데 閱 : 돌볼 열
遑恤我後아 황 휼 아 후	어느 겨를에 뒷일을 걱정하나?

소아 소민

小弁

| 소아 | 소민 | 4 | 204 | 巧言 교묘한 참언 |

유왕幽王이 소인의 참언만 믿어 정치가 어지러워지는 것을 보고, 대부가 하늘에 빗대어 호소하는 시이다. 『맹자』「양혜왕 상」에 4장의 "他人有心 予忖度之"를 인용하였다.

1 賦

悠悠昊天이
유유호천

멀고 먼 넓고 크신 하늘은

曰父母且시니
왈부모저

부모이시니

無罪無辜어늘
무죄무고

죄 없고 허물없거늘

亂如此憮아
난여차호

난리를 이와 같이 크게 하시는가? 憮 : 클 호(무)

昊天已威나
호천이위

넓고 크신 하늘이 이미 위엄 부리셨지만

予愼無罪며
여신무죄

내가 삼가하면 죄 없으며

昊天泰憮나
호천태호

넓고 크신 하늘이 크고 위대하지만 憮 : 클 호(무)

予愼無辜로다
여신무고

내가 삼가하면 벌 주실 수 없다네.

2 賦

亂之初生은
난지초생

난리가 처음 생김은

僭始旣涵이며
참시기함

거짓의 씨앗이 받아들여졌기 때문이며 涵 : 수용할 함

亂之又生은 난 지 우 생	난리가 또 생김은
君子信讒이니라 군 자 신 참	군자(왕)가 참소의 말을 믿기 때문이라. 讒:참소할 참
君子如怒면 군 자 여 로	군자가 참언에 성낸다면
亂庶遄沮며 난 서 천 저	난리가 아마도 빠르게 막아지며 遄:빠를 천 沮:막힐 저
君子如祉면 군 자 여 지	군자가 어진이의 말을 듣고 기뻐하면 祉:복 지, 기쁨 지
亂庶遄已리라 난 서 천 이	난리가 아마도 빠르게 그치리라.
君子屢盟이라 군 자 루 맹	군자의 잦은 맹서에
亂是用長이며 난 시 용 장	난리 바로 커지며
君子信盜라 군 자 신 도	군자가 도적을 믿기에 盜:참소하는 사람
亂是用暴며 난 시 용 포	난리 바로 포학해지며
盜言孔甘이라 도 언 공 감	도적의 말을 매우 달게 여김에
亂是用餤이로다 난 시 용 담	난리가 바로 커지네. 餤:나아갈 담
匪其止共이라 비 기 지 공	그들이 참언 올리기를 그치지 않는지라 共:바칠 공(≒供)

3 賦

소아 소민 巧言

| 維王之邛이로다
유왕지공 | 오직 왕의 병만 될 뿐이라네.
邛 : 병들 공 |

4 興而比

奕奕寢廟를 혁혁침묘	크고 빛나는 종묘를
君子作之며 군자작지	군자(선왕)께서 지으셨으며
秩秩大猷를 질질대유	정연하고 큰 계획을 秩秩 : 차례가 있는 모양
聖人莫之니라 성인막지	성인이 정하셨네. 莫 : 정할 막, 광대廣大하게 할 막
他人有心을 타인유심	다른 사람의 마음가짐을
予忖度之로니 여촌탁지	내가 헤아려 아니 忖 : 헤아릴 촌 度 : 헤아릴 탁
躍躍毚兔ㅣ 적적참토	깡충깡충 교활한 토끼가 躍 : 빠를 적 毚 : 교활한 토끼 참
遇犬獲之니라 우견획지	사냥개를 만나 잡히네.

5 興

荏染柔木을 임염유목	부드럽고 좋은 아람드리 나무를 荏染 : 부드러운 모습
君子樹之며 군자수지	군자가 심었으며
往來行言을 왕래행언	왔다갔다 떠도는 말을 行言 : 길에 돌아다니는 말
心焉數之니라 심언수지	마음으로 분별하네. 數 : 헤아릴 수

蛇蛇碩言은 이 이 석 언	편안하고 위대한 말은 蛇 : 편안하게 갈 이, 연할 이
出自口矣어니와 출 자 구 의	입으로부터 나오거니와 (그래서 말한 실상을 알 수 있지만)
巧言如簧은 교 언 여 황	생황의 혀같은 교묘한 말은 (감춰져서 말하는 것이기 때문에)
顏之厚矣로다 안 지 후 의	얼굴이 두꺼워야 한다네.(스스로도 부끄러운 줄을 알기 때문에)

6 賦

彼何人斯오 피 하 인 사	저들이 (참소하는 사람) 어떤 사람인가?
居河之麋로다 거 하 지 미	하수의 물 모이는 곳에서 사네. 麋 : 물 교차할 미
無拳無勇이나 무 권 무 용	주먹도 없고 용기도 없으나
職爲亂階로다 직 위 란 계	오로지 난리를 자꾸 일으키네. 職 : 오로지 직
旣微且尰하니 기 미 차 흉	(정강이에) 종기나고 (발꿈치) 부었으니 微 : 종기 미 尰 : 부을 흉(종)
爾勇伊何오 이 용 이 하	네 용기 무엇 하겠는가?
爲猶將多나 위 유 장 다	꾀를 냄이 크고 많겠지만 猶 : 꾀 유
爾居徒幾何오 이 거 도 기 하	너를 따르는 무리 얼마나 될까?

소아 소민 巧言

| 소아 | 소민 | 5 | 205 | 何人斯 누구인가?

포공暴公이 경사卿士가 되어 소공蘇公을 참소하므로, 소공이 포공의 수하를 비판하는 시를 지어 포공과의 교제를 끊었다 한다.

1 賦

彼何人斯오
피 하 인 사

저들이 어떤 사람인고?

其心孔艱이로다
기 심 공 간

그 마음이 매우도 험악하네.
孔 : 매우 공 艱 : 위험할 간

胡逝我梁호대
호 서 아 량

어찌 내 어량에 가는데

不入我門고
불 입 아 문

나의 문에 들어오지 않는가?

爾誰云從고
이 수 운 종

네가 누구를 따르는가?

維暴之云이로다
유 포 지 운

오직 포공만을 따르네.

2 賦

二人從行하나니
이 인 종 행

두 사람이 따라 가니
二人 : 포공과 그의 추종자

誰爲此禍오
수 위 차 화

누가 이런 화 만들었나?

胡逝我梁호대
호 서 아 량

어찌 나의 어량에 가는데

不入唁我오
불 입 언 아

들어와 날 위문하지 않나?
唁 : 위문할 언

始者不如今에 시 자 불 여 금	처음엔 지금과 같이
云不我可러니라 운 불 아 가	나를 옳지 않다 하지 않았네.

3 賦

彼何人斯오 피 하 인 사	저들이 어떤 사람인고?
胡逝我陳고 호 서 아 진	어찌 나의 당 아랫길로 가는가? 陳 : 당 아랫길 진
我聞其聲이요 아 문 기 성	내 그 소리는 들었으나
不見其身호라 불 견 기 신	그 몸을 보지 못했네.
不愧于人이어니와 불 괴 우 인	사람에겐 부끄럽지 않더라도
不畏于天가 불 외 우 천	하늘이 두렵지도 않은가?

4 賦

彼何人斯오 피 하 인 사	저들이 어떤 사람인고?
其爲飄風이로다 기 위 표 풍	회오리바람이었네.
胡不自北이며 호 불 자 북	어찌 북으로부터 오지도 않으며
胡不自南이오 호 불 자 남	남으로부터 오지도 않는가?
胡逝我梁고 호 서 아 량	어찌 나의 어량으로 가나?

소아 소민 何人斯

秖攪我心이로다 지 교 아 심	단지 나의 마음만 어지럽게 할 뿐이라네.
5 爾之安行에도 賦 이 지 안 행	당신이 천천히 갈 때도
亦不遑舍어니 역 불 황 사	또한 쉴 겨를 없었는데 遑舍 : 휴가내어 쉬다
爾之亟行에 이 지 극 행	당신이 빨리 갈 때에
遑脂爾車아 황 지 이 거	수레에 기름 칠 겨를이 있을까?
壹者之來면 일 자 지 래	한번이라도 왔다면
云何其盱리오 운 하 기 우	어찌 그토록 바라겠소! 盱 : 바라볼 우
6 爾還而入이면 賦 이 환 이 입	당신이 돌아와 들어온다면
我心易也어늘 아 심 이 야	내 마음 기쁘련만 易 : 기쁠 이(≒悅)
還而不入하니 환 이 불 입	돌아와도 들어오지 않으니
否難知也로다 부 난 지 야	들어오지 않는 이유 모르겠네.
壹者之來면 일 자 지 래	한 번 온다면
俾我祇也니라 비 아 지 야	날 편안케 하련만. 祇 : 편안할 지

7
賦

伯氏吹壎이어든
백 시 취 훈

백씨(큰형)가 질 나팔을 불면

壎:질 나팔 훈

仲氏吹篪라
중 시 취 지

중씨(둘째형)가 젓대를 부네.

篪:젓대 지

及爾如貫이로니
급 이 여 관

당신과 함께 한 꾸러미에 꿴 것 같았더니

諒不我知인댄
양 불 아 지

참으로 당신이 나를 알지 못하다면

出此三物하야
출 차 삼 물

이 세 가지 물건을 내어

三物:개, 돼지, 닭의 피

以詛爾斯호리라
이 조 이 사

당신을 저주할 것이라오.

詛:저주할 조(저)

8
賦

爲鬼爲蜮이면
위 귀 위 역

귀신이나 물여우라면

蜮:물여우 역

則不可得이어니와
즉 불 가 득

볼 수가 없겠지만

有靦面目하야
유 전 면 목

뻔뻔스러운 낯 있어

靦:뻔뻔한 낯 전

視人罔極이니라
시 인 망 극

남에게 좋지 않게 보이네.

作此好歌하야
작 차 호 가

이렇게 좋은 노래 지어

以極反側하노라
이 극 반 측

이랬다 저랬다하는 그대 마음을 다 밝히노라.

소아 소민 何人斯

| 소아 | 소민 | 6 | 206 | 巷伯 환관 |

참언으로 궁형을 받고 환관이 되어 항백巷伯이 된 사람이, 억울함을 호소하고 참언이 성행함을 한탄한 시이다. 항백巷伯은 궁궐 안에 난 도로를 주관하는 환관을 말한다.

1 比
萋兮斐兮로
처 혜 비 혜

작은 무늬 이리저리 뒤섞여서
萋 : 우거질 처 斐 : 오락가락할 비

成是貝錦이로다
성 시 패 금

조개 무늬 비단을 만들었네.
(작은 잘못을 큰 죄로 만듦)

彼譖人者여
피 참 인 자

저 사람을 참소하는 이들이여!

亦已大甚이로다
역 이 태 심

또한 이미 너무나도 심하였네.

2 比
哆兮侈兮로
차 혜 치 혜

입을 벌리고 벌려서
哆 : 입 벌릴 차(치) 侈 : 벌릴 치

成是南箕로다
성 시 남 기

남기성을 이루었네. 南箕 : 키처럼 입을 벌린 모양의 별(箕宿)

彼譖人者여
피 참 인 자

저 남을 참소하는 이들이여!

誰適與謀오
수 적 여 모

누구와 주로 모의를 하나? 適 : 주장할 적

3 賦
緝緝翩翩하야
즙 즙 편 편

소곤소곤 오고 가며 緝 : 모일 즙(집) 緝緝 : 수다스러운 모양.

謀欲譖人하나다
모 욕 참 인

사람 참소만 꾀하네.

愼爾言也어다 신 이 언 야	당신의 말 삼가 하오.
謂爾不信이리라 위 이 불 신	당신 말 믿지 않게 될 것이네.
4 賦 捷捷幡幡하야 첩 첩 번 번	요리조리 빠르고 빠르게 幡 : 나부낄 번.
謀欲讒言하나다 모 욕 참 언	참소의 말 꾀하네.
豈不爾受오마는 기 불 이 수	어찌 당신이라고 참소받지 않겠는가마는
旣其女遷하리라 기 기 여 천	이미 당신에게로 옮겨질 것이라네.
5 賦 驕人好好어늘 교 인 호 호	교만한 사람들은 호호거리며 즐거운데
勞人草草로다 노 인 초 초	괴로움 당하는 사람은 근심하네. 草草 : 근심하는 모양
蒼天蒼天하 창 천 창 천	푸르고 푸른 하늘이시여!
視彼驕人하사 시 피 교 인	저 교만한 사람들을 보시고
矜此勞人하소서 긍 차 로 인	이 괴로움 당하는 사람을 가엾게 여기소서!
6 賦 彼讒人者여 피 참 인 자	저 남을 참소하는 이들이여!
誰適與謀오 수 적 여 모	누구와 주로 모의를 하나?

소아 소민

巷伯

取彼讒人하야 취 피 참 인	저 참소하는 사람 잡아서
投畀豺虎호리라 투 비 시 호	승냥이와 호랑이에게 던져주려네. 畀:줄 비
豺虎不食이어든 시 호 불 식	승냥이와 호랑이 먹지 않거든
投畀有北호리라 투 비 유 북	북녘 벌판에 던져주려네.
有北不受어든 유 북 불 수	북녘 벌판에서 받지 않거든
投畀有昊호리라 투 비 유 호	하늘로 던지리라.

7典

楊園之道여 양 원 지 도	양원의 길이여! 楊園:동산의 이름(버드나무 동산)
猗于畝丘로다 의 우 묘 구	묘구로 이어지네. 猗:더할 의 畝丘:언덕 이름
寺人孟子ㅣ 시 인 맹 자	내시인 맹자가 寺:내시 시, 참소를 당해 고환을 잃음
作爲此詩하노니 작 위 차 시	이 시를 지었으니
凡百君子는 범 백 군 자	모든 군자들은
敬而聽之어다 경 이 청 지	경건하게 들을지어다.

| 소아 | 소민 | 7 | 207 | **谷風** 동녘 바람 |

풍속이 각박하여 벗 사이의 도리마저 끊어짐을 한탄한 시이다.

1
興

習習谷風이여
습 습 곡 풍

산들산들 온화한 동풍이여!

谷風 : 동풍

維風及雨로다
유 풍 급 우

바람 불고 비 오게 하네.

將恐將懼일샌
장 공 장 구

두렵고 무서울 땐

維予與女러니
유 여 여 여

오직 나와 너뿐이더니

將安將樂이란
장 안 장 락

편안하고 즐거울 땐

女轉棄予아
여 전 기 여

네가 도리어 날 버리나!

2
興

習習谷風이여
습 습 곡 풍

산들산들 온화한 동풍이여!

維風及頹로다
유 풍 급 퇴

바람 불고 회오리바람 부네.

頹 : 회오리바람 퇴

將恐將懼일샌
장 공 장 구

두렵고 무서울 땐

寘予于懷러니
치 여 우 회

날 품에 두더니

寘 : 둘 치

將安將樂이란
장 안 장 락

편안하고 즐거울 땐

棄予如遺로다 기 여 여 유	날 버리고 잊으시네.
3 習習谷風이 比 습 습 곡 풍	산들산들 온화한 동풍이
維山崔嵬나 유 산 최 외	산 높은 곳까지 불어오지만 崔嵬 : 산이 높은 모양
無草不死며 무 초 불 사	죽지 않은 풀 없고
無木不萎니 무 목 불 위	시들지 않은 나무 없네.
忘我大德이요 망 아 대 덕	내 큰 덕은 잊어버리고
思我小怨가 사 아 소 원	내 작은 허물만 생각하나!

| 소아 | 소민 | 8 | 208 | 蓼莪 쑥쑥 크는 다북쑥 |

백성이 힘들여 일했지만 어버이도 제대로 봉양하지 못하였다. 그래서 약으로 쓰는 좋은 다북쑥인지 알고 좋아했는데 쓸모없는 쑥이 되었다고 하면서, 어렸을 때는 훌륭한 사람이 될 것 같았는데, 자라고 보니 부모 은혜도 못 갚는 사람이 되었다고 한탄한 시이다.

1 比

蓼蓼者莪러니
육 륙 자 아

쑥쑥 클 때는 다북쑥이더니
蓼 : 클 륙 莪 : 다북쑥 아

匪莪伊蒿로다
비 아 이 호

다북쑥이 아니고 천한 쑥이로다. 蒿 : 쑥 호

哀哀父母여
애 애 부 모

아아 슬퍼라! 부모님이시여!

生我劬勞샷다
생 아 구 로

날 낳고 갖은 고생하셨네.

2 比

蓼蓼者莪러니
육 륙 자 아

쑥쑥 클 때는 다북쑥이더니

匪莪伊蔚로다
비 아 이 위

다북쑥 아니고 제비쑥이었네.
蔚 : 제비쑥 위

哀哀父母여
애 애 부 모

아아 슬퍼라! 부모님이시여!

生我勞瘁샷다
생 아 로 췌

날 낳고 고생에 여위셨네.
瘁 : 병들 췌

3 比

缾之罄矣여
병 지 경 의

술병(백성, 혹은 부모 돌아가심을 비유)의 비어있음이여! 罄 : 빌 경

維罍之恥로다	오직 술독(임금, 혹은 불효자를 비
유 뢰 지 치	유)의 수치라네. 罍:술독 뢰
鮮民之生이여	(부모 없어) 고독한 백성들의 삶
선 민 지 생	이여! 鮮:고독할 선
不如死之久矣로다	(효도도 하지 못하니) 죽음만 못한
불 여 사 지 구 의	것이 오래네.
無父何怙며	아버지 없으면 누구를 믿으
무 부 하 호	며 怙:믿을 호
無母何恃오	어머니 없으면 누구를 의지
무 모 하 시	하나?
出則銜恤이요	나가면 근심 머금고
출 즉 함 휼	銜:머금을 함
入則靡至호라	들어와도 마음 둘 곳이 없네.
입 즉 미 지	

4 賦

父兮生我하시고	아버님 날 낳게 하시고
부 혜 생 아	
母兮鞠我하시니	어머님 날 기르셨네.
모 혜 국 아	
拊我畜我하시며	날 어루만지며 젖 먹여 주시
부 아 휵 아	며 拊:어루만질 부 畜:젖먹일 휵
長我育我하시며	날 키우고 길러주시며
장 아 육 아	
顧我復我하시며	날 돌보시고 또 돌보시며
고 아 복 아	
出入腹我하시니	드나드실 때는 날 품안에 품
출 입 복 아	으셨으니

欲報之德인댄 욕 보 지 덕	은덕을 갚으려면
昊天罔極이샷다 호 천 망 극	하늘같이 넓고 크신 은혜 그 끝이 없네.
5 興 **南山烈烈**이어늘 남 산 렬 렬	남산은 높고도 큰데
飄風發發이로다 표 풍 발 발	회오리바람이 빠르게 몰아치네. 發發 : 빠른 모양
民莫不穀이어늘 민 막 불 곡	백성은 좋지 않은 이 없는데
我獨何害오 아 독 하 해	나만 홀로 어찌 이런 해를 당했는가?
6 興 **南山律律**이어늘 남 산 률 률	남산은 높고도 큰데
飄風弗弗이로다 표 풍 불 불	회오리바람이 빠르게 몰아치네.
民莫不穀이어늘 민 막 불 곡	백성은 좋지 않은 이 없는데
我獨不卒호라 아 독 부 졸	나만 홀로 부모를 끝까지 봉양하지 못했네. 卒 : 다할 졸

소아 소민 蓼莪

| 소아 | 소민 | 9 | 209 | **大東** 동쪽의 큰 제후국 |

    서주西周의 탐심과 학정으로, 동쪽 나라의 사람들이 부역때문에 피곤하고 재물이 고갈되었다. 담譚나라의 대부가 이 시를 지어서 이러한 현실을 한탄한 것이다.
    1장의 "周道如砥(底) 其直如矢 君子所履 小人所視"가 『맹자』「만장 하」에 인용되었다. 『맹자』에는 '砥'가 '底'로 쓰였다.

1
興

有饛簋飧이요
유 몽 궤 손

수북이 담은 대그릇 밥에
饛 : 수북이 담을 몽 簋 : 그릇 궤

有捄棘匕로다
유 구 극 비

길고 굽은 대추나무 숟가락 있네. 捄 : 가늘고 긴 모양 구

周道如砥하니
주 도 여 지

주나라 가는 길이 숫돌 같이 평평하니 砥 : 숫돌 지

其直如矢로다
기 직 여 시

그 곧기가 화살 같네.

君子所履요
군 자 소 리

군자들은 밟고 가고

小人所視니
소 인 소 시

소인들은 바라만 보는 곳이니

睠言顧之요
권 언 고 지

둘러보고 바라볼 뿐이요
睠 : 돌아볼 권

潸言出涕호라
산 언 출 체

눈물만 줄줄 흘리네.
潸 : 눈물 흐를 산

2
賦

小東大東에
소 동 대 동

작고 큰 동쪽 나라들(주나라의 동쪽 제후들)

杼柚其空이로다 저 축 기 공	북과 바다가 이미 다 비었네. 杼:북 저 柚:바디 축
糾糾葛屨여 규 규 갈 구	엉성하게 얽은 칡신을 신고 糾:얽을 규
可以履霜이로다 가 이 이 상	서리를 밟고 가네.
佻佻公子ㅣ 조 조 공 자	조잘거리는 경박스런 공자들 이 佻:경박할 조
行彼周行하야 행 피 주 행	저 큰 주나라 길을 달려서
旣往旣來하니 기 왕 기 래	가고 또 오니
使我心疚로다 사 아 심 구	내 마음을 아프게 하네. 疚:병들 구

3 興

有洌氿泉에 유 렬 궤 천	옆으로 치솟아 오르는 찬 샘물에 氿:옆으로 샘솟는 샘 궤
無浸穫薪이어다 무 침 확 신	땔나무 베어 담그지 마오. 穫:벨 확
契契寤嘆호니 계 계 오 탄	괴롭고 근심되어 자다 깨어 탄식하니 契:괴로워할 계
哀我憚人이로다 애 아 다 인	슬픈 건 우리 고달픈 백성뿐이라네. 憚:괴로울 다(탄)
薪是穫薪이란대 신 시 확 신	이 땔나무는 새로 벤(물에 담가 무겁게 하지 않은) 나뭇단이라
尙可載也며 상 가 재 야	(힘들기는 해도) 그래도 수레에 실을 수 있으니

소아 소민 大東

哀我憚人이란대 애 아 다 인	서글픈 백성을 불쌍히 여긴다면
亦可息也니라 역 가 식 야	또한 쉬게 해야 할 것이라오.

4 賦

東人之子는 동 인 지 자	동쪽 나라 사람은
職勞不來요 직 로 불 래	다만 고생할 뿐 위로는 없고 職 : 단지 직(=只) 來 : 위로할 래
西人之子는 서 인 지 자	서쪽 나라 사람은
粲粲衣服이로다 찬 찬 의 복	찬란하고 성대한 의복을 입었네.
舟人之子는 주 인 지 자	서쪽나라는 뱃사람(천한 사람을 비유)일지라도
熊羆是裘요 웅 비 시 구	(값비싼) 곰가죽 옷 입고 羆 : 큰곰 비
私人之子는 사 인 지 자	사가 사람(대부)들도
百僚是試로다 백 료 시 시	여러 관료를 등용해 쓰네.

5 賦

或以其酒라도 혹 이 기 주	(서쪽 사람들은) 혹 술을 먹더라도
不以其漿이며 불 이 기 장	막걸리로 하지 않으며 漿 : 막걸리 장
鞙鞙佩璲를 현 현 패 수	치렁치렁한 패옥을 鞙 : 패옥의 모양 현 璲 : 허리에 차는 패옥 수

不以其長이로다 불 이 기 장	길다고 하지 않네.
維天有漢하니 유 천 유 한	하늘에 은하수가 있으니 漢 : 은하수 한
監亦有光이며 감 역 유 광	내려다보며 또한 비추고 있으며(왕은 그렇게 하지 못함)
跂彼織女ㅣ 기 피 직 녀	발돋음해서 저 직녀성을 보니 跂 : 발돋움할 기
終日七襄이로다 종 일 칠 양	날을 마칠 때까지 일곱 번 옮기네. 襄 : 옮길 양. 새벽에 직녀성을 보고 다시 밤늦게 직녀성을 볼 때까지 7시진을 고생스럽게 일함을 뜻한다. 직녀성은 항성이라서 움직이지 않지만, 시인이 하늘을 원망하며 직녀성을 볼 때마다 자리를 바꾼 것처럼 보인 것이다.

織女

6 賦

雖則七襄이나 수 즉 칠 양	비록 일곱 번 자리는 옮기지만
不成報章이며 불 성 보 장	문양 있는 직물로 보답하지 않고(직녀는 베를 짜는 별)
睆彼牽牛ㅣ 환 피 견 우	밝은 저 견우성은 睆 : 별이 밝을 환
不以服箱이로다 불 이 복 상	(목동의 별인 견우성이) 나의 수레 상자 끌어주지 못하네.
東有啓明이요 동 유 계 명	동쪽에는 샛별(계명성) 있고

西有長庚이며 서 유 장 경	서쪽에는 장경성(저녁에 서쪽에 뜨는 금성) 있으며
有捄天畢이 유 구 천 필	길게 구부러진 천필성(필수)이 捄:굽을 구
載施之行이로다 재 시 지 항	줄지어 그물 펼쳤네. (필성은 그물처럼 생김)

7 賦

維南有箕하니 유 남 유 기	오직 남쪽 하늘에 기성이 있는데
不可以簸揚이며 불 가 이 파 양	(키처럼 생긴 기성으로) 곡식 까부를 수 없고 簸:까부를 파
維北有斗하니 유 북 유 두	북쪽 하늘에 북두성 있는데
不可以挹酒漿이로다 불 가 이 읍 주 장	(국자처럼 생긴 북두성으로) 술과 음료를 뜰 수 없네. 挹:뜰 읍
維南有箕하니 유 남 유 기	남쪽 하늘에 기성 있는데
載翕其舌이며 재 흡 기 설	그 혀로써 (제후에게 세금과 노역을) 끌어들여 삼키는 듯하고
維北有斗하니 유 북 유 두	북쪽 하늘에 북두성 있는데
西柄之揭이로다 서 병 지 알	(동쪽 것을 빼앗으려) 서쪽에서 자루 들고 있네. 揭:들 알(게)

| 소아 | 소민 | 10 | 210 | 四月 사월 |

난리를 만나 돌봐주는 이도 없고 헤쳐 나갈 능력도 없는 자신의 처지를 슬픔으로 호소한 시이다.

1
興

四月維夏어든
사 월 유 하

4월(음력 巳月)에 초여름 되면

六月徂暑니라
육 월 조 서

6월(음력 未月)에는 더위가 가신다네. 徂 : 갈 조

先祖匪人가
선 조 비 인

선조께선 사람이 아니신가?

胡寧忍予오
호 녕 인 여

어찌 차마 나에게 이렇게 (환란을 만나게) 하시는가?

2
興

秋日凄凄라
추 일 처 처

가을날 서늘하니

百卉具腓로다
백 훼 구 비

백 가지 풀이 모두 시드네.
卉 : 풀 훼 腓 : 시들어 앓을 비

亂離瘼矣니
난 리 막 의

어지러워지고 이별하며 병드니 瘼 : 병들 막

爰其適歸오
원 기 적 귀

어디로 돌아갈까?

3
興

冬日烈烈이어늘
동 일 렬 렬

겨울날 매섭게 추운데

飄風發發이로다
표 풍 발 발

회오리바람마저 사납게 불어오네.

民莫不穀이어늘
민 막 불 곡

백성들 잘 지내지 않는 이 없는데 穀 : 좋을 곡

我獨何害오 아 독 하 해	나만 홀로 무슨 재앙인가?
4 興 山有嘉卉하니 산 유 가 훼	산에 아름다운 초목 있으니
侯栗侯梅로다 후 률 후 매	밤나무와 매화나무라네.
廢爲殘賊하니 폐 위 잔 적	관리들이 변하여 잔학한 도적이 되니 廢:변할 폐
莫知其尤로다 막 지 기 우	누구의 허물인지 알 수가 없네.
5 興 相彼泉水혼대 상 피 천 수	저 천수를 바라보니
載淸載濁이로다 재 청 재 탁	맑기도 하고 흐리기도 하네.
我日構禍호니 아 일 구 화	내 날마다 화를 만나니
曷云能穀고 갈 운 능 곡	어제나 편안할까?
6 興 滔滔江漢이 도 도 강 한	도도하게 흐르는 강수와 한수는
南國之紀니라 남 국 지 기	남쪽 나라의 벼리(근본 중심)라네.
盡瘁以仕어늘 진 췌 이 사	죽도록 힘 다해 나라 일 했건만 瘁:병들 췌
寧莫我有오 영 막 아 유	어찌 날 알아주는 이 없나?

7 賦	**匪鶉匪鳶**이어니 비 단 비 연	독수리도 솔개도 아니니 鶉:독수리 단 鳶:솔개 연
	翰飛戾天가 한 비 려 천	하늘로 날아서 오르겠는가?
	匪鱣匪鮪어니 비 전 비 유	철갑상어 다랑어도 아니니 鱣:철갑상어 전 鮪:다랑어 유
	潛逃于淵가 잠 도 우 연	못 속에 잠기어 도망 가겠는가?
8 興	**山有蕨薇**어늘 산 유 궐 미	산에는 고사리와 고비 있는데
	隰有杞桋로다 습 유 기 이	습지에는 구기자나무와 붉은 대추나무 있네.
	君子作歌하야 군 자 작 가	군자가 노래를 지어
	維以告哀로다 유 이 고 애	오직 슬픔을 호소할 뿐이라네.

소아 소민 四月

北山什 二之六[7] (북산, 이지륙)

1. 北山 북산
2. 無將大車 큰 수레 밀어주지 마오
3. 小明 밝으신 하느님
4. 鼓鍾 종치는 소리
5. 楚茨 무성한 가시나무
6. 信南山 믿음직한 남산
7. 甫田 큰 밭
8. 大田 넓고 큰 밭
9. 瞻彼洛矣 낙수를 바라보니
10. 裳裳者華 당당하고 화려한 꽃

---

7) '二之六' 즉 '2의 6'이라고 한 것은, 앞의 2는 「소아」라는 뜻이고, 뒤의 6은 「소아」 중에 여섯 번째 편(「북산」)이라는 것이다.

| 소아 | 북산 | 1 | 211 | 北山 북산 |

유왕幽王 때의 하급 대부가 나라의 일에 종사하며, 고되게 온갖 잡무를 다했는데도 제대로 위로받지 못하고, 또 부모를 봉양하지 못함을 한탄한 시이다.

2장의 "溥(보)天之下 莫非王土 率土之濱 莫非王臣"이 『맹자』「만장 상」에 인용되었다. 『맹자』에는 '溥'가 '普'로 쓰였다.

1 賦

陟彼北山하야
척 피 북 산
저 북산에 올라

言采其杞호라
언 채 기 기
구기자를 땄네.

偕偕士子ㅣ
해 해 사 자
굳세고 씩씩한 사나이들
偕 : 굳셀 해

朝夕從事로니
조 석 종 사
아침저녁으로 일을 하네.

王事靡盬라
왕 사 미 고
나라 일 굳게하지 않을 수 없는지라
盬 : 단단하지 않을 고

憂我父母호라
우 아 부 모
부모님을 근심케 하네.

2 賦

溥天之下
보 천 지 하
넓은 하늘 아래
溥 : 넓을 보(부)≒普

莫非王土며
막 비 왕 토
왕의 땅 아닌 것이 없으며

率土之濱이
솔 토 지 빈
땅의 끝에 사는 사람이라도
率 : 좇을 순(≒循) 濱 : 끝 빈(≒垠)

莫非王臣이어늘 막 비 왕 신	왕의 신하 아닌 이 없건만
大夫不均이라 대 부 불 균	대부의 처사 공평치 못하니
我從事獨賢호라 아 종 사 독 현	나 홀로 어질어 왕의 일에 종사하는구나!

3 賦

四牡彭彭하니 사 모 방 방	네 필의 수말이 쉼 없이 달리니 彭:성한 모양 방(팽)
王事傍傍이로다 왕 사 방 방	왕의 일 끝이 없네. 傍:그만 둘 방
嘉我未老며 가 아 미 로	나의 늙지 않음을 아름답게 여기고
鮮我方將하야 선 아 방 장	나만큼 씩씩하고 將:씩씩할 장(≒壯)
旅力方剛이라 여 력 방 강	굳센 힘 가진 이 드물다 하여서 旅:힘셀 려(≒膂)
經營四方이로다 경 영 사 방	사방을 경영케 하셨네.

4 賦

或燕燕居息이어늘 혹 연 연 거 식	누구는 편안하게 집안에서 쉬는데
或盡瘁事國하며 혹 진 췌 사 국	누구는 죽을 힘을 다하여 나라 일을 하며
或息偃在牀이어늘 혹 식 언 재 상	누구는 침상에 누워 편히 쉬는데 偃:누울 언
或不已于行이로다 혹 불 이 우 행	누구는 행역行役이 그치지 않네.

5 賦

或不知叫號어늘
혹 부 지 규 호

누구는 부르짖는 일 알지도 못하는데 叫:부르짖을 규

或慘慘劬勞하며
혹 참 참 구 로

누구는 참혹하게 애쓰고 고생을 하며 慘:혹독할 참

或栖遲偃仰이어늘
혹 서 지 언 앙

누구는 자유로이 누워 쉬는데 栖遲:자유 휴식 偃仰:누워 쉼

或王事鞅掌이로다
혹 왕 사 앙 장

누구는 왕의 일로 번거로이 수고하네. 鞅掌:엄하게 고생함

6 賦

或湛樂飲酒어늘
혹 담 락 음 주

누구는 오랫동안 술마시고 즐기는데 湛:즐길 담

或慘慘畏咎하며
혹 참 참 외 구

누구는 참혹하게 죄 지을까 두려워하며

或出入風議어늘
혹 출 입 풍 의

누구는 들락날락 임금님과 거리낌없이 의논을 하는데

或靡事不爲로다
혹 미 사 불 위

누구는 하지 않는 일이 없네.

소아 북산

北山

| 소아 | 북산 | 2 | 212 | 無將大車 큰 수레 밀어주지 마오 |

    유왕 때 대부가 무능한 소인을 북돋아 주며 함께 일을 하며 고생하였는데, 일을 무사히 마치자 도리어 소인의 참소를 받아 해침을 당하였다. 그것이 마치 큰 수레를 밀면서 앞서가게 함에, 큰 수레로부터 먼지와 오물을 뒤집어씀과 같다고 하며, 소인과 함께 일한 것을 후회하는 시이다.

1 興

無將大車어다
무 장 대 거

祗自塵兮리라
지 자 진 혜

無思百憂어다
무 사 백 우

祗自疧兮리라
지 자 민 혜

큰 수레 밀어 주지 마오.
將 : 밀 장

단지 먼지만 뒤집어 쓸 뿐이라오. 祗 : 다만 지(≒只, 職)

백 가지 시름을 하지 마오.

단지 스스로 병들기만 할 뿐이라오. 疧 : 병들 민(저/기)

2 興

無將大車어다
무 장 대 거

維塵冥冥이리라
유 진 명 명

無思百憂어다
무 사 백 우

不出于熲이리라
불 출 우 경

큰 수레 밀어 주지 마오.

오직 먼지만 자욱하게 쓸 뿐이라오. 冥冥 : 먼지가 가득함

백 가지 시름을 하지 마오.

밝은 데로 나오지 못할 뿐이라오. 熲 : 빛날 경(≒耿), 조금 밝음

3 興

無將大車어다
무 장 대 거

큰 수레 밀어 주지 마오.

維塵雝兮리라 오직 먼지만 덮어쓸 뿐이라
유 진 옹 혜 오. 雝: 덮을 옹(≒蔽)

無思百憂어다 백 가지 시름을 하지 마오.
무 사 백 우

秖自重兮리라 단지 스스로 시름만 누적되
지 자 중 혜 고 무거워질 뿐이라오.

| 소아 | 북산 | 3 | 213 | 小明 밝으신 하느님 |

정벌에 동원되었으나 한 해가 다 가도록 돌아가지 못하는 등, 대부가 난세(유왕 시절)에 벼슬한 것을 후회한 시이다. 한편으로는 능력있는 다른 사람들도 벼슬을 해서 함께 어려움을 극복했으면 하는 희망을 읊었다.

「대아」의 「대명」시와 달리 「소명」이라고 한 것은, 「소아」에 해당하는 시임을 밝힌 것이다.

1
賦

明明上天이
명 명 상 천

밝고 밝으신 하느님이

照臨下土시니라
조 림 하 토

하계의 땅을 훤히 비추며 굽어보고 계신다네.

我征徂西하야
아 정 조 서

내가 서쪽으로 출정하여

至于艽野호니
지 우 구 야

구야에 이르니

艽 : 먼 들판 구 艽野 : 땅이름

二月初吉이러니
이 월 초 길

2월 초하루였는데

初吉 : 초하루

載離寒暑엇다
재 리 한 서

어느덧 추위와 더위를 지났네. 離 : 떠날 리

心之憂矣여
심 지 우 의

마음의 근심이여!

其毒大苦로다
기 독 태 고

그 (마음의) 독이 너무도 쓰네.

念彼共人하야
염 피 공 인

저 (벼슬 안한) 벗들을 생각하여 共人 : 고향의 벗

涕零如雨호라 체 령 여 우	눈물이 비 같이 쏟아지네. 涕 : 눈물 체
豈不懷歸리오마는 기 불 회 귀	어찌 돌아갈 생각 않을까마는
畏此罪罟니라 외 차 죄 고	(왕께서 내리실) 이 죄의 그물이 두렵다네. 罟 : 그물 고

2 賦

昔我往矣엔 석 아 왕 의	지난날에 내가 갈 때는
日月方除러니 일 월 방 제	해 바뀌는 봄이었는데 除 : 옛 것이 가고 새 것이 태어남, 초봄
曷云其還고 갈 운 기 환	언제나 돌아갈까?
歲聿云莫엇다 세 율 운 모	한 해 어느덧 저물었네. 聿 : 마침내 율 莫 : 저물 모(≒暮)
念我獨兮어늘 염 아 독 혜	생각하니 나는 혼자인데
我事孔庶로다 아 사 공 서	내 일은 매우 많네.
心之憂矣여 심 지 우 의	마음의 근심이여!
憚我不暇로다 탄 아 불 가	내 힘들게 일하지만 쉴 틈이 없네. 憚 : 수고로울 탄
念彼共人하야 염 피 공 인	저 벼슬 안한 벗들을 생각하여
睠睠懷顧호라 권 권 회 고	자주자주 생각하며 되돌아보네. 睠 : 돌아볼 권(≒眷)

소아 북산

小明

豈不懷歸리오마는 기 불 회 귀	어찌 돌아갈 생각을 않으랴마는
畏此譴怒니라 외 차 견 노	(왕께서 내릴) 이 질책과 노여움이 두렵다네. 譴:꾸짖을 견

3 賦

昔我往矣엔 석 아 왕 의	지난날 내가 갈 때는
日月方奧이러니 일 월 방 욱	날이 따뜻했는데 奧:따뜻할 욱(오)
曷云其還고 갈 운 기 환	언제나 돌아갈까?
政事愈蹙이로다 정 사 유 축	정사는 더욱더 급박해지네. 蹙:궁지에 빠질 축
歲聿云莫라 세 율 운 모	한 해 어느덧 저물어
采蕭穫菽호라 채 소 확 숙	쑥을 캐고 콩 수확을 하네.
心之憂矣여 심 지 우 의	마음의 근심이여!
自詒伊戚이로다 자 이 이 척	내 스스로 이 슬픔을 남겼네. 詒:남길 이
念彼共人하야 염 피 공 인	저 벼슬 안한 벗들을 생각하여
興言出宿호라 흥 언 출 숙	잠자리에서 일어나 바깥에 나와 자네. 興:일어날 흥
豈不懷歸리오마는 기 불 회 귀	어찌 돌아갈 생각 않을까마는

畏此反覆이니라 외 차 반 복	이 변덕스러움이 두렵다네. 反覆 : 유왕의 상벌이 상도가 없음
4 賦 嗟爾君子는 차 이 군 자	아아! 당신네 군자들은
無恒安處어다 무 항 안 처	항상 편안히 거처하려고만 하지 마오.
靖共爾位하야 정 공 이 위	당신의 지위 가만히 받들어 靖 : 고요할 정, 편안할 정
正直是與면 정 직 시 여	정직한 사람을 도와주면 與 : 도울 여
神之聽之하야 신 지 청 지	신께서 들으시어
式穀以女리라 식 곡 이 여	당신들께 복으로 바꿔 주실 것이라네. 式 : 고칠 식 以 : 줄 이
5 賦 嗟爾君子는 차 이 군 자	아아! 당신네 군자들은
無恒安息이어다 무 항 안 식	항상 편안히 쉬려고만 하지 마오.
靖共爾位하야 정 공 이 위	당신의 지위 가만히 받들어
好是正直이면 호 시 정 직	정직한 이 사랑하면
神之聽之하여 신 지 청 지	신께서 들으시어
介爾景福이리라 개 이 경 복	당신을 도와 큰 복을 주실 것이라네. 介 : 도울 개 景 : 클 경

소아 북산 小明

| 소아 | 북산 | 4 | 214 | 鼓鍾 종치는 소리 |

유왕幽王이 회수에서 종을 치며 물놀이만 즐기고, 환란이 다가오는 것을 생각하지 않았다. 이에 사람들이 옛적의 훌륭한 왕과 신하들을 그리워하며 지은 시라 한다.

1
賦

鼓鍾將將이어늘
고 종 장 장

종치는 소리 뎅뎅 울리는데
將將 : 종을 쳐서 울리는 소리

淮水湯湯하니
회 수 상 상

회수 물은 탕탕하고 세차게 흐르니 湯 : 물 세차게 흐를 상

憂心且傷호라
우 심 차 상

근심하는 마음이 더 아프네.

淑人君子여
숙 인 군 자

(옛날의) 현숙한 이들과 군자여! 淑 : 착할 숙(=善)

懷允不忘이로다
회 윤 불 망

참으로 그리워 못 잊겠네.
允 : 참으로 윤(=信)

2
賦

鼓鍾喈喈어늘
고 종 개 개

종을 치는 소리는 뎅뎅 울리는데 喈 : 부드러운 소리 개

淮水湝湝하니
회 수 해 해

회수 물은 출렁출렁 흐르니
湝 : 물 출렁출렁 흐를 해(개)

憂心且悲로라
우 심 차 비

근심하는 마음이 서글퍼지네.

淑人君子여
숙 인 군 자

(옛날의) 현숙한 이들과 군자여!

其德不回로다
기 덕 불 회

그 덕이 간사하지 않으셨네.
回 : 간사할 회

3 賦 **鼓鍾伐鼛**어늘
고 종 벌 고

종을 치고 큰 북을 치는데
鼛:큰 북 고

淮有三洲하니
회 유 삼 주

회수에 세 개나 되는 모래섬 있으니 (더 오래 즐김)

憂心且妯호라
우 심 차 추

근심하는 마음에 가슴이 두근거리네. 妯:두근거릴 추(축)

淑人君子여
숙 인 군 자

(옛날의) 현숙한 이들과 군자여!

其德不猶로다
기 덕 불 유

그 덕이 (지금의 왕과) 같지 않았네.

4 賦 **鼓鍾欽欽**이어늘
고 종 흠 흠

종 치는 소리 은은해서 화락한데 欽欽:악기의 소리

鼓瑟鼓琴하며
고 슬 고 금

비파를 치고 거문고 타며

笙磬同音하니
생 경 동 음

생황과 돌북 소리가 조화를 이루니 磬:경쇠 경

以雅以南과
이 아 이 남

(선왕과 그 신하의) 이아二雅와 이남二南을 연주함과

以籥 **不僭**이로다
이 약   불 참

피리 불고 추는 춤이 어긋남이 없었다네. 僭:어그러질 참

소아 북산 鼓鍾

| 소아 | 북산 | 5 | 215 | 楚茨 무성한 가시나무 |

녹봉으로 땅을 받은 관리가 농사를 지어 오곡을 거두어들이며, 종묘와 사당에 제사를 지내고 빈객을 대접하며, 일족이 모여 즐겁게 잔치하는 모습을 노래한 시이다.

혹은 「초자」시부터 「신남산, 보전, 대전」의 네 시는 옛날의 태평성대를 가상하여 지음으로써, 유왕의 학정에 시달리는 현실을 풍자한 시라고도 한다.

1 賦

楚楚者茨에
초 초 자 자

무성한 가시나무에서 楚:우거진 모양 초 茨:가시나무 자

言抽其棘은
언 추 기 극

그 가시 뽑아냄은
抽:뽑을 추

自昔何爲오
자 석 하 위

옛(후직이 농사를 지을 때)부터 무엇을 위함이었나?

我蓺黍稷이니라
아 예 서 직

내 기장과 피 심기 위함이었네. 蓺:심을 예(≒藝) 稷:피 직

我黍與與며
아 서 여 여

내 기장 무성하고 무성하며
與與:번성한 모양

我稷翼翼하야
아 직 익 익

내 피 번성하고 번성하여
翼翼:번성한 모양

我倉旣盈하며
아 창 기 영

내 창고 이미 차고

我庾維億이어늘
아 유 유 억

내 노적가리 한 없이 많네.
庾:노적가리 유

以爲酒食하야 이 위 주 식	술과 음식 만들어서
以饗以祀하며 이 향 이 사	조상께 바쳐 제사하며 饗 : 바칠 향
以妥以侑하야 이 타 이 유	(시동을) 편히 앉게하여 술 올려서 妥 : 편히 앉을 타 侑 : 권할 유
以介景福이로다 이 개 경 복	큰 복을 크게 받네.

2 賦

濟濟蹌蹌이라 제 제 창 창	엄숙하고 장중히 위엄 갖추었네. 蹌蹌 : 위의 있는 걸음걸이
絜爾牛羊하야 결 이 우 양	소와 양 청결하게 준비하여 絜 : 깨끗할 결(혈)
以往烝嘗하니 이 왕 증 상	가을제사 겨울제사 올리니 烝 : 겨울제사 증 嘗 : 가을제사 상
或剝或亨하며 혹 박 혹 팽	어떤 것은 가죽 베끼고 어떤 것은 삶으며 亨 : 삶을 팽(=烹)
或肆或將이로다 혹 사 혹 장	어떤 것은 차려놓고 어떤 것은 직접 바치네. 肆 : 차릴 사
祝祭于祊하니 축 제 우 방	축관이 사당 문안에서 제사를 올리니 祊 : 사당 문안 방(팽)
祀事孔明하야 사 사 공 명	제사의 일 모두 밝게 갖추어져
先祖是皇이시며 선 조 시 황	위대하고 거룩한 우리 조상의 혼이 찾아와
神保是饗이시니 신 보 시 향	신들께서 흠향하시니

소아 북산

楚茨

孝孫有慶하야 효손유경	효성스러운 자손들에 경사 있어
報以介福하니 보이개복	큰 복으로 보답하시니
萬壽無疆이로다 만수무강	만수를 누려 끝남이 없네.

3 賦

執爨踖踖하야 집찬척척	부엌일 경건하게 집행하여 爨:부엌 찬 踖:경건히 할 척(적)
爲俎孔碩하니 위조공석	제기의 음식 매우 성대히 만드니 俎:제기 조
或燔或炙이며 혹번혹적	어떤 것은 굽고 어떤 것은 적을 하며 燔:구울 번
君婦莫莫하니 군부맥맥	주부主婦 청정하고 경건하니 莫莫:청정하고 경건함
爲豆孔庶어늘 위두공서	제기에 음식 매우도 많은데
爲賓爲客이 위빈위객	제물을 바치는 손님들이
獻酬交錯하니 헌수교착	권하는 술잔 (교차하여) 주고 받으니 酬:잔돌릴 수
禮儀卒度하며 예의졸탁	예의 의식 모두 법도에 맞으며 度:법도 도('탁'은 협운)
笑語卒獲일새 소어졸획	웃으며 주고받는 말들 모두 합당할 때
神保是格이라 신보시격	신께서 시동에게 강림하시어 格:이를 격

| 報以介福하니 (보이개복) | 큰 복으로 보답하시니 |
| 萬壽攸酢이로다 (만수유작) | 만년의 수壽로 갚으시네. 酢:잔 돌릴 초('작'은 협운) |

4 賦

我孔熯矣나 (아공연의)	내 정성 다했으나 熯:다할 연(한)
式禮莫愆일새 (식례막건)	예의에 허물이 없으니 愆:허물 건
工祝致告호대 (공축치고)	제사를 잘 마치고 신의 말씀 전하기를 工:일 잘 마칠 공
徂賚孝孫하사대 (조뢰효손)	"네가 효성스러운 자손에 주되,
苾芬孝祀에 (필분효사)	향기롭고 효성스러운 제사에 苾:향기로울 필 芬:향기날 분
神嗜飮食하야 (신기음식)	신께서 음식을 즐겁게 흠향하시어
卜爾百福호대 (복이백복)	너에게 백가지 복을 점지하시되 卜:너 복
如幾如式이며 (여기여식)	기한과 법에 맞게 점지하시며 幾:기약 기
旣齊旣稷이며 (기제기직)	제사 이미 잘 정돈되고 이미 빠르며 稷:빠를 직
旣匡旣敕일새 (기광기칙)	이미 바르고 이미 경건히 하였기에
永錫爾極호대 (영석이극)	너에게 영원토록 착함의 극치를 하사하시되

소아 북산 楚茨

時萬時億이시니라 시 만 시 억	만으로 억으로 한다."고 하셨네.
5 禮儀旣備하며 賦 예 의 기 비	예의와 의식 이미 갖추며
鐘鼓旣戒하야 종 고 기 계	종과 북 이미 잘 어울려 戒 : 어울릴 계(≒不亂)
孝孫徂位어늘 효 손 조 위	효성스러운 손자 자리로 돌아오니
工祝致告로다 공 축 치 고	제사를 잘 마치고 신의 뜻을 전하네.
神具醉止라 신 구 취 지	신들이 모두 취하시어
皇尸載起어늘 황 시 재 기	시동이 곧 일어남에 皇尸 : 시동의 존칭
鼓鍾送尸하니 고 종 송 시	종을 쳐서 시동을 전송하니
神保聿歸로다 신 보 율 귀	신께서 돌아가셨네.
諸宰君婦ㅣ 제 재 군 부	여러 유사(가신)들과 주부들이
廢徹不遲하니 폐 철 부 지	제사상을 지체없이 물리고
諸父兄弟ㅣ 제 부 형 제	여러 아비들과 형제들이
備言燕私로다 비 언 연 사	모두 함께 잔치하네. 燕私 : 집안끼리의 잔치

6
賦

樂具入奏하니
악 구 입 주

악기들을 모두 갖춰 연주하니

以綏後祿이로다
이 유 후 록

뒷날의 복을 위안해주네.

綏 : 안심할 유(수)

爾殽旣將하니
이 효 기 장

안주와 음식들 이미 골고루 드리니

莫怨具慶이라
막 원 구 경

원망하는 이 없이 모두들 축하를 하네.

旣醉旣飽하야
기 취 기 포

이미 취하고 이미 배불러서

小大稽首호대
소 대 계 수

모두 머리를 조아리며 하는 말이

神嗜飮食하야
신 기 음 식

"신께서 음식을 즐겁게 흠향하시어

嗜 : 즐길 기

使君壽考로다
사 군 수 고

자손들이 수를 누릴 것이라.

孔惠孔時하야
공 혜 공 시

제사가 매우 순조롭고 때에 맞아

維其盡之하니
유 기 진 지

제사의 의식을 빠짐없이 다 했으니

子子孫孫이
자 자 손 손

자자손손이

勿替引之로다
물 체 인 지

폐지하지 말고 계속 이어가라."하시네.

替 : 폐할 체

소아 북산 楚茨

| 소아 | 북산 | 6 | 216 | 信南山 믿음직한 남산 |

땅으로 녹봉을 받은 관리가 농사를 지어 사당에 제사를 올리는 노래이다.

혹은 우임금이 홍수를 다스리고 후직이 농사의 모범을 보여서 잘 살던 때를 가상으로 설정하여, 유왕의 폭정을 풍자한 시라고도 한다.

1 賦

信彼南山을
신 피 남 산

참으로 믿음직한 저 남산(終南山)을

維禹甸之로다
유 우 전 지

우임금이 다스렸네.
甸 : 다스릴 전

畇畇原隰을
균 균 원 습

개간된 언덕과 습지를
畇 : 밭 일굴 균 隰 : 진펄 습

曾孫田之라
증 손 전 지

증손께서 농사지었네. 曾孫 : 후직后稷의 후손 田 : 농사할 전

我疆我理하니
아 강 아 리

우리의 경계 만들고 우리의 도랑 만드니 疆 : 지경 강

東南其畝로다
동 남 기 묘

동으로 남으로 그 이랑이 생겼네. 畝 : 이랑 묘(무)

2 賦

上天同雲이라
상 천 동 운

겨울 하늘(上天)에 구름 가득 덮여 同雲 : 구름 일색

雨雪雰雰이어늘
우 설 분 분

비와 눈 어지럽게 내리는데
雰雰 : 눈이 내리는 모양

益之以霡霂하니
익 지 이 맥 목

가랑비를 더했으니
霡 : 가랑비 맥 霂 : 가랑비 목

旣優旣渥하며 기 우 기 악	물이 이미 넉넉하고 풍부하며 渥:두터울 악
旣霑旣足하야 기 첨 기 족	땅속까지 이미 흡족하게 젖어들어 霑:젖을 첨(점)
生我百穀이로다 생 아 백 곡	우리 땅의 백곡 싹틔우네.

3 賦

疆場翼翼이어늘 강 역 익 익	경계와 도랑이 가지런히 정돈되어 場:밭두둑 역
黍稷彧彧하니 서 직 욱 욱	기장과 피 우거져 무성하니 彧:무성할 욱
曾孫之穡이로다 증 손 지 색	증손이 농사지은 곡식이라네. 穡:거둘 색
以爲酒食하야 이 위 주 식	술과 음식 만들어서
畀我尸賓하니 비 아 시 빈	시동과 손님을 접대하니 畀:줄 비, 접대할 비
壽考萬年이로다 수 고 만 년	만년의 수를 누릴 것이라네.

4 賦

中田有廬요 중 전 유 려	밭 가운데에 집이 있고
疆場有瓜어늘 강 역 유 과	경계에는 오이 심었거늘
是剝是菹하야 시 박 시 저	이것을 깎고 김치 담가 菹:김치 저, 담글 저
獻之皇祖하니 헌 지 황 조	위대하신 조상님께 바치니

소아 북산 信南山

曾孫壽考하야 증 손 수 고	증손이 오래오래 수를 누려
受天之祜로다 수 천 지 호	하늘의 복을 받네. 祜 : 복 호
5 祭以淸酒하고 賦 제 이 청 주	맑고 깨끗한 술로 제사하고
從以騂牡하야 종 이 성 모	붉은 소로 희생해서 騂 : 붉은 소 성
享于祖考하니 향 우 조 고	조상님께 바치니
執其鸞刀하야 집 기 란 도	방울 달린 칼을 잡아 鸞 : 방울 란
以啓其毛하고 이 계 기 모	희생의 털 벗기고
取其血膋로다 취 기 혈 료	피와 기름 채취하네. 膋 : 창자기름 료
6 是烝是享하니 賦 시 증 시 향	이것을 올리고 드리니 烝 : 올릴 증, 겨울제사 증
苾苾芬芬하야 필 필 분 분	향기롭고 아름다워 苾 : 향기날 필 芬 : 향기날 분
祀事孔明이어늘 사 사 공 명	제사의 일 매우 밝게 갖추었네.
先祖是皇하사 선 조 시 황	선조들 위대하여
報以介福하니 보 이 개 복	큰 복으로 보답하시니

萬壽無疆이로다 만 수 무 강	만수를 누려 끝이 없을 것이라네.

소아 북산 信南山

| 소아 | 북산 | 7 | 217 | 甫田 큰 밭 |

정전井田을 책임진 대부가 농사를 장려하고, 전농관과 농부들의 정성으로 해마다 풍년이 들어 기뻐하며, 여러 신들과 조상에 제사를 올릴 수 있음을 서술한 시이다.

혹은 정전법이 잘 시행된 옛날의 잘 살던 일을 가상으로 설정하여, 유왕의 폭정을 풍자한 시라고도 한다.

1 賦

倬彼甫田에
탁 피 보 전
탁 트인 저 큰 밭에서 (9만묘)
倬 : 밝게 트일 탁 甫 : 클 보

歲取十千이로다
세 취 십 천
해마다 만 묘의 곡식을 나라에 바치네.

我取其陳하야
아 취 기 진
나의 창고에 있는 묵은 곡식 내어다가 陳 : 묵을 진

食我農人하니
사 아 농 인
(私田의) 농부들을 먹이니
(햇곡식은 저장함)

自古有年이로다
자 고 유 년
예로부터 풍년이었네.
有年 : 풍년을 뜻함

今適南畝하니
금 적 남 묘
남쪽 이랑에 나가보니

或耘或耔에
혹 운 혹 자
혹 김매고 혹 북돋우며
耘 : 김맬 운 耔 : 북돋을 자

黍稷薿薿어늘
서 직 의 의
기장과 피 무성하니
薿 : 우거질 의

攸介攸止에
유 개 유 지
무성한 곳은 돕게 하고 쉬는 곳은 쉬게 해서 介 : 성대할 개

烝我髦士로다 증 아 모 사	우리의 준수한 농민 포상하네. 烝 : 나아갈 증(≒進) 髦 : 빼어날 모
2 賦 **以我齊明**과 이 아 자 명	깨끗한 우리 기장과 피 齊 : 기장 자(≒粢) 明 : 피 명(≒稷)
與我犧羊으로 여 아 희 양	색깔 고른 희생 양으로
以社以方하니 이 사 이 방	땅 신과 사방 신께 제사하니
我田旣臧이 아 전 기 장	우리 농사 잘된 것이
農夫之慶이로다 농 부 지 경	농부들의 복이라네.
琴瑟擊鼓하야 금 슬 격 고	비파 뜯고 거문고 타며 북 두드려서
以御田祖하야 이 어 전 조	신농씨 맞이하여 御 : 맞이할 어 田祖 : 신농씨
以祈甘雨하니 이 기 감 우	단비 내리기를 기도하니
以介我稷黍하야 이 개 아 직 서	우리들의 기장과 피 크게 키워
以穀我士女로다 이 곡 아 사 녀	남녀 백성들을 기르시리. 穀 : 기를 곡
3 賦 **曾孫來止**에 증 손 래 지	증손께서 오심에 曾孫 : 제사를 주관하는 자
以其婦子로 이 기 부 자	아낙네와 아이들이

소아 북산 甫田

饁彼南畝어늘 엽 피 남 묘	남녘 이랑에 점심을 먹이는 데 饁 : 들밥 내갈 엽
田畯至喜하야 전 준 지 희	권농관이 이르러 기뻐하여 畯 : 권농관 준
攘其左右하야 양 기 좌 우	옆의 음식 가져와 攘 : 취할 양
嘗其旨否로다 상 기 지 부	맛을 보네.
禾易長畝하니 화 이 장 묘	이랑 끝에까지 벼 잘도 가꾸어지니 易 : 다스릴 이
終善且有라 종 선 차 유	끝내 농사 잘되고 수확도 많이 났네.
曾孫不怒하며 증 손 불 로	증손은 성내지 않고
農夫克敏이로다 농 부 극 민	농부들 손 매우 민첩하네.

4
賦

曾孫之稼ㅣ 증 손 지 가	증손이 수확한 곡식
如茨如梁이며 여 자 여 량	(빽빽한) 지붕 같고 (높이 쌓은) 수레 같으며 茨 : 지붕 이을 자
曾孫之庾ㅣ 증 손 지 유	증손이 쌓아놓은 곡식 庾 : 노적가리 유
如坻如京이라 여 지 여 경	모래섬 같고 높은 언덕 같네. 坻 : 모래섬 지 京 : 높은 언덕 경
乃求千斯倉하며 내 구 천 사 창	천 개의 창고 구하고

乃求萬斯箱이로소니 만 개의 수레를 구하니
내 구 만 사 상
箱 : 수레의 상자

黍稷稻梁이 기장과 피와 벼가
서 직 도 량
稻 : 벼 도

農夫之慶이라 농부들의 복이라
농 부 지 경

報以介福하니 큰 복으로 보답하니
보 이 개 복

萬壽無疆이로다 만수를 누려 끝이 없을 것이
만 수 무 강　　　라네.

소아 북산

甫田

| 소아 | 북산 | 8 | 218 | 大田 넓고 큰 밭 |

농부들이 농사의 수확을 즐기고, 농사를 잘 짓게 한 윗사람의 덕을 칭송하였다. 앞의 「보전」의 답시이다. 혹은 과부까지 배려하며 잘 살던 옛날의 일을 가상으로 설정하여 유왕의 폭정을 풍자한 시라고도 한다.

3장의 "雨我公田 遂及我私"가 『맹자』 「등문공 상」에 인용되었다.

1 賦

大田多稼라
대 전 다 가
넓고 큰 밭에 심을 곡식 많기도 해라

旣種旣戒하야
기 종 기 계
종자 선택하고 농기구 정비하여

旣備乃事하니
기 비 내 사
이미 준비 마치고 일을 하네.

以我覃耜로
이 아 염 사
예리한 보습으로
覃 : 예리할 염 耜 : 보습 사

俶載南畝하야
숙 재 남 묘
남쪽 이랑부터 농사 시작하여
俶 : 비롯할 숙 載 : 일할 재

播厥百穀하니
파 궐 백 곡
온갖 곡식 파종하니

旣庭且碩이라
기 정 차 석
새싹 이미 곧고 크게 자라나
庭 : 곧을 정

曾孫是若이로다
증 손 시 약
증손의 뜻 따르네.
若 : 따를 약

2 賦

旣方旣皁하며
기 방 기 조
이미 깍지 생기고 반쯤 여물며
皁 : 쭉정이 조

旣堅旣好요
기 견 기 호

이미 굳고 이미 좋아져

不稂不莠어든
불 랑 불 유

강아지풀도 없고 피도 없네.
稂 : 강아지풀 랑 莠 : 피 유

去其螟螣과
거 기 명 특

(줄기 먹는) 명충과 (잎새 먹는) 특충과 螟 : 벌레 명 螣 : 황충이 특

及其蟊賊이라야
급 기 모 적

(뿌리 먹는) 모충과 (마디 먹는) 적충을 없애야 蟊 : 해충 모 賊 : 마디충 적

無害我田穉니
무 해 아 전 치

우리 농장 어린 곡식 해치지 않는다네. 穉 : 어릴 치

田祖有神은
전 조 유 신

전조田祖(신농씨) 신이시여!

秉畀炎火어다
병 비 염 화

해충들을 잡아 뜨거운 불에 던져 주옵소서. 畀 : 줄 비

3
賦

有渰萋萋하야
유 엄 처 처

구름 성하고 성하게 일어
渰 : 구름 일 엄 萋 : 성할 처

興雨祁祁하야
흥 우 기 기

서서히 비가 내리어
祁 : 천천히 기

雨我公田이요
우 아 공 전

우리의 공전에 먼저 내리고

遂及我私하야
수 급 아 사

우리 사전에도 내려서

彼有不穫穉하며
피 유 불 확 치

저기에도 수확하지 않은 어린 벼 있고

此有不斂穧하며
차 유 불 렴 제

여기에도 거두지 않은 볏단이 있으며 穧 : 볏단 제

彼有遺秉하며 피 유 유 병	저기에도 흘린 묶음이 있고
此有滯穗하니 차 유 체 수	여기에도 흘린 이삭이 있으니 滯:빠질 체 穗:이삭 수
伊寡婦之利로다 이 과 부 지 리	이것들이 과부들의 이득이라네.

4
賦

曾孫來止라 증 손 래 지	증손께서 오시어
以其婦子로 이 기 부 자	아낙네와 아이들에게
饁彼南畝어늘 엽 피 남 묘	남쪽 이랑에서 점심을 먹이는데 饁:들밥 엽
田畯至喜로다 전 준 지 희	권농관이 이르러 기뻐하네.
來方禋祀하야 내 방 인 사	(증손이) 오시어 사방 신께 정성껏 제사하여 禋:제사지낼 인
以其騂黑과 이 기 성 흑	붉고 검은 희생과 騂:붉을 성
與其黍稷으로 여 기 서 직	기장과 피로
以享以祀하니 이 향 이 사	바쳐 제사하니
以介景福이로다 이 개 경 복	큰 복을 크게 받게 될 것이라네.

| 소아 | 북산 | 9 | 219 | 瞻彼洛矣 낙수를 바라보니 |

천자가 제후를 동도東都에 모이게 해서 군사 훈련할 때, 제후들이 천자의 덕을 칭송한 시이다.

혹은 옛날의 선왕들이 제후와 신하들에 대해 상벌을 잘 시행한 것을 들어서 유왕을 풍자한 시라고 한다.

1 賦

瞻彼洛矣혼대
첨 피 락 의

저 낙수를 바라보니

維水泱泱이로다
유 수 앙 앙

물이 넓고도 깊네.

泱 : 성한 모양 앙

君子至止하시니
군 자 지 지

천자께서 이르시니

福祿如茨로다
복 록 여 자

복과 녹이 쌓여있는 듯 하네.

茨 : 쌓을 자

韎韐有奭하니
매 합 유 혁

가죽 슬갑이 붉기도 한데 韎 :

가죽 매 韐 : 슬갑 합(겹) 奭 : 붉을 혁

以作六師로다
이 작 육 사

6군六軍을 움직이시네.

2 賦

瞻彼洛矣혼대
첨 피 락 의

저 낙수를 바라보니

維水泱泱이로다
유 수 앙 앙

물이 넓고도 깊네.

君子至止하시니
군 자 지 지

천자께서 이르시니

鞸琫有珌이로다
병 봉 유 필

그 칼집 옥으로 장식했네.

鞸琫 : 칼집과 그 장식 珌 : 옥장식 필

君子萬年에 군 자 만 년	천자께서는 만년을 수 누리시어
保其家室이로다 보 기 가 실	그 가문을 길이길이 보존하시리.

3 賦

瞻彼洛矣혼대 첨 피 락 의	저 낙수를 바라보니
維水泱泱이로다 유 수 앙 앙	물이 넓고도 깊네.
君子至止하시니 군 자 지 지	천자께서 이르시니
福祿旣同이로다 복 록 기 동	복과 록 이미 모였네. 同 : 모일 동
君子萬年에 군 자 만 년	천자께서는 만년을 수 누리시어
保其家邦이로다 보 기 가 방	그 나라를 길이길이 보존하시리.

| 소아 | 북산 | 10 | 220 | 裳裳者華 당당하고 화려한 꽃 |

천자가 제후를 아름답게 칭송한 시이다.

혹은 선왕先王의 정치와는 달리, 공신의 대를 끊고 현인의 벼슬길을 막는 유왕을 풍자한 시라고 한다.

1 興

裳裳者華여
상 상 자 화

당당하고 화려한 꽃이여!

裳 : 화려하고 아름다울 상

其葉湑兮로다
기 엽 서 혜

그 잎새도 무성하네.

湑 : 무성할 서

我覯之子호니
아 구 지 자

내 당신을 만나니

覯 : 만날 구

我心寫兮로다
아 심 사 혜

내 마음이 끌리네.

寫 : 쏠릴 사

我心寫兮호니
아 심 사 혜

내 마음이 끌리니

是以有譽處兮로다
시 이 유 여 처 혜

칭송과 편안함이 있게 되네.

譽 : 기릴 여(예)

2 興

裳裳者華여
상 상 자 화

당당하고 화려한 꽃이여!

芸其黃矣로다
운 기 황 의

황금 빛 찬란하네.

芸 : 황금빛 성할 운, 향초 이름 운

我覯之子호니
아 구 지 자

내 당신을 만나니

維其有章矣로다
유 기 유 장 의

덕의 광채 빛이 나네.

維其有章矣니 유 기 유 장 의	덕의 광채 빛이 나니
是以有慶矣로다 시 이 유 경 의	경사가 있게 되네.

3 興

裳裳者華여 상 상 자 화	당당하고 화려한 꽃이여!
或黃或白이로다 혹 황 혹 백	혹 노랗고 혹 흰 빛이네.
我覯之子호니 아 구 지 자	내 당신을 만나니
乘其四駱이로다 승 기 사 락	네 필의 갈기 검은 흰 말을 탔네. 駱: 검은 갈기 흰 말 락
乘其四駱하니 승 기 사 락	네 필의 갈기 검은 흰 말을 타니
六轡沃若이로다 육 비 옥 약	여섯 고삐에 반드르르 윤이 나네.

4 賦

左之左之에 좌 지 좌 지	왼쪽으로 왼쪽으로 하여도
君子宜之며 군 자 의 지	군자답게 처신하며 宜: 마땅할 의
右之右之에 우 지 우 지	오른쪽으로 오른쪽으로 하여도
君子有之로다 군 자 유 지	군자다운 행동이 있네.
維其有之라 유 기 유 지	그 덕을 간직하고 있는지라

*是以似之*로다
시 이 사 지   행동이 이와 같은 것이라네.

桑扈什 二之七[8] (상호, 이지칠)

1. 桑扈 종달새
2. 鴛鴦 원앙새
3. 頍弁 고깔
4. 車舝 수레 빗장
5. 靑蠅 쉬파리
6. 賓之初筵 손님과 취하기 전엔
7. 魚藻 마름풀에 있는 물고기
8. 采菽 콩을 따서
9. 角弓 뿔장식 활
10. 菀柳 우거진 버들

---

8) '二之七' 즉 '2의 7'이라고 한 것은, 앞의 2는 「소아」라는 뜻이고, 뒤의 7은 「소아」중에 일곱 번째 편(「상호」)이라는 것이다.

| 소아 | 상호 | 1 | 221 | 桑扈 종달새 |

천자가 제후들을 불러 잔치를 베풀 때에 제후를 칭송하는 시이다.

1 興

交交桑扈여
교교상호

오고가는 종달새여!
扈:따를 호 桑扈:竊脂(종달새)

有鶯其羽로다
유앵기우

그 깃털 아름답네.
鶯:깃털이 아름다운 모양 앵

君子樂胥하니
군자락서

군자가 즐거우니

受天之祜로다
수천지호

하늘의 복 받으시네.
祜:복 호

2 興

交交桑扈여
교교상호

오고가는 종달새여!

有鶯其領이로다
유앵기령

그 목의 깃털 아름답네.

君子樂胥하니
군자락서

군자가 즐거우니

萬邦之屛이로다
만방지병

만방의 울타리이네.

3 賦

之屛之翰하니
지병지한

울타리가 되고 기둥이 되니
之:어조사 지 翰:줄기 한

百辟爲憲이로다
백벽위헌

제후들의 모범이라네.

不戢不難가
부즙불나

가다듬고 신중하지 않겠는가?
戢:거둘 즙(집) 難:삼갈 나(난)

受福不那아 수 복 불 나	복을 받음이 많지 않겠는가? 那 : 많을 나
4 賦 **兕觥其觩**하니 시 굉 기 구	뿔 술잔 구부정하니 觩 : 뿔 굽을 구
旨酒思柔로다 지 주 사 유	맛있는 술이 부드럽네.
彼交匪敖하니 피 교 비 오	저 사귐에 오만함 없으니 敖 : 거만할 오
萬福來求로다 만 복 래 구	만 가지 복 찾아오리.

| 소아 | 상호 | 2 | 222 | 鴛鴦 원앙새 |

이 시는 제후가 「상호桑扈」 시에 답하여 천자를 칭송하는 시이다.

1 興

鴛鴦于飛하니
원 앙 우 비

원앙새 날아가니
鴛 : 원앙새 앙

畢之羅之로다
필 지 라 지

긴 자루 그물과 새그물로 잡네. 畢 : 그물 필

君子萬年에
군 자 만 년

군자께서 만년의 수 누리시니

福祿宜之로다
복 록 의 지

복록을 마땅하게 내리시네.

2 興

鴛鴦在梁하니
원 앙 재 량

원앙새가 돌다리 위에 있으니 梁 : 돌다리 량

戢其左翼이로다
즙 기 좌 익

왼쪽 날개를 접었네.
戢 : 거둘 즙(집)

君子萬年에
군 자 만 년

군자께서 만년의 수를 누리시니

宜其遐福이로다
의 기 하 복

원대한 복 마땅하게 내리시네. 遐 : 멀 하

3 興

乘馬在廐하니
승 마 재 구

네 필의 말 마구간에 있으니
廐 : 마구간 구

摧之秣之로다
최 지 말 지

여물도 먹이고 곡식도 먹이네. 摧 : 꼴벨 최(좌) 秣 : 먹일 말

君子萬年에
군 자 만 년

군자께서 만년의 수를 누리시니

福祿艾之로다 복 록 애 지	복록으로 부양하시네. 艾 : 부양할 애
4 **乘馬在廄**하니 興 승 마 재 구	네 필의 말 마구간에 있으니
秣之摧之로다 말 지 최 지	곡식도 먹이고 여물도 먹이네.
君子萬年에 군 자 만 년	군자께서 만년의 수를 누리시니
福祿綏之로다 복 록 유 지	복록으로 편안히 하시네. 綏 : 편안할 유(수)

| 소아 | 상호 | 3 | 223 | 頍弁 고깔 |

형제와 친척들이 연회하면서 부르는 노래의 시이다. 혹은 왕이 동성 또는 이성의 친인척과 연회하며 부르는 노래라고도 한다.

1
賦
興
比

有頍者弁이여
유 기 자 변

우뚝 솟은 피변皮弁이여!
頍 : 머리장식 기(규) 弁 : 고깔 변

實維伊何오
실 유 이 하

이것이 정말 누구일까?

爾酒旣旨하며
이 주 기 지

너의 술 이미 맛이 있고
旨 : 맛있을 지

爾殽旣嘉하니
이 효 기 가

너의 안주 이미 좋으니

豈伊異人이리오
기 이 이 인

어찌 다른 사람일까?

兄弟라 **匪他**로다
형 제   비 타

형제로다! 남이 아니네.

蔦與女蘿 ㅣ
조 여 여 라

담쟁이와 새삼 덩굴(왕의 친인척) 蔦 : 담쟁이 조 女蘿 : 새삼

施于松柏이로다
이 우 송 백

소나무와 잣나무(왕을 비유)에 뻗었네. 施 : 옮겨갈 이, 뻗을 이

未見君子라
미 견 군 자

님 보지 못하니(왕을 만나지 못하니)

憂心奕奕이라니
우 심 혁 혁

근심하는 마음 닿을 곳 없었는데 奕奕 : 정처없이 헤매는 모양

旣見君子호니 기 견 군 자	이미 님 보게 되니
庶幾悅懌로다 서 기 열 예	아마도 기뻐지리라. 懌 : 기쁠 예(역), 협운 '역'

2
賦興比

有頍者弁이여 유 기 자 변	우뚝 솟은 피변皮弁이여!
實維何期오 실 유 하 기	이것이 정말 누구일까?
爾酒旣旨하며 이 주 기 지	네 술 이미 좋고
爾殽旣時하니 이 효 기 시	네 안주 이미 때에 맞으니
豈伊異人이리오 기 이 이 인	어찌 다른 사람일까?
兄弟具來로다 형 제 구 래	형제(동성, 이성) 모두 함께 왔네.
蔦與女蘿ㅣ 조 여 녀 라	담쟁이와 새삼 덩굴
施于松上이로다 이 우 송 상	소나무 위로 뻗었네.
未見君子라 미 견 군 자	님 보지 못하니
憂心怲怲이라니 우 심 병 병	근심하는 마음 많고 많더니 怲 : 근심할 병
旣見君子호니 기 견 군 자	이미 님 보게 되니

庶幾有臧이로다 서 기 유 장	아마도 좋아지리라.
3 賦興比 有頍者弁이여 유 기 자 변	우뚝 솟은 피변皮弁이여!
實維在首로다 실 유 재 수	머리 위에 있네.
爾酒旣旨하며 이 주 기 지	너의 술 이미 좋고
爾肴旣阜하니 이 효 기 부	너의 안주 이미 풍성하니 肴 : 안주 효
豈伊異人이리오 기 이 이 인	어찌 다른 사람일까?
兄弟甥舅로다 형 제 생 구	형과 아우, 생질과 외삼촌이 라네. 甥 : 생질 생, 조카, 사위
如彼雨雪에 여 피 우 설	마치 저 내리는 눈
先集維霰이라 선 집 유 선	큰 눈 오기 전 싸락눈 같네. 霰 : 싸라기눈 선(산)
死喪無日하야 사 상 무 일	죽고 병들 날 얼마 남지 않아
無幾相見이란대 무 기 상 견	서로 볼 날 얼마 안 될 것이 라네.
樂酒今夕하야 락 주 금 석	오늘 밤을 술로 즐겨
君子維宴이로다 군 자 유 연	님과 오직 잔치하리라.

소아 상호 頍弁

| 소아 | 상호 | 4 | 224 | 車舝 수레 빗장 |

신혼 잔치를 베풀어 즐기는 노래인데, 군자가 어진 아내를 얻어 경사스럽게 여기는 노래이다.

혹은 유왕에게 현숙한 여인을 배필로 삼게 함으로써 악독한 포사를 떼어내고자 풍자한 시라고도 한다.

1 比

間關車之舝兮여
간 관 거 지 할 혜

달그락 달그락 수레 빗장 갈아 끼는 소리여! 舝:걸쇠 할

思孌季女逝兮로다
사 련 계 녀 서 혜

아리따운 젊은 여인을 생각하며 가네. 孌:아름다울 련

匪飢匪渴이라
비 기 비 갈

배고픔도 아니요 목마름도 아니라 匪:아닐 비

德音來括이니
덕 음 래 괄

덕스러운 목소리로 와서 모임이니 括:모일 괄

雖無好友나
수 무 호 우

비록 좋은 벗은 없지만

式燕且喜어다
식 연 차 희

잔치하고 또 기뻐하오.

2 興

依彼平林에
의 피 평 림

저 우거진 들판의 숲에
依:우거질 의

有集維鷮로다
유 집 유 교

긴꼬리 꿩들 모여 있네.
鷮:긴 꼬리 꿩 교

辰彼碩女ㅣ
신 피 석 녀

때 맞춘 저 큰 아가씨
辰:때 신

令德來敎로다
령 덕 래 교

훌륭한 덕으로 와서 날 가르치네.

式燕且譽하야 식 연 차 예	잔치를 하고 또 즐기며 式:이에 식 譽:즐길 예
好爾無射이로다 호 이 무 역	당신을 사랑하여 싫어함이 없네. 射:싫을 역

3 比
雖無旨酒나 수 무 지 주	비록 좋은 술은 없지만
式飮庶幾며 식 음 서 기	마시기를 바라며
雖無嘉殽나 수 무 가 효	비록 좋은 안주가 없지만
式食庶幾며 식 식 서 기	먹기를 바라며
雖無德與女나 수 무 덕 여 여	비록 당신에게 베푼 덕 없지만 女:너 여
式歌且舞어다 식 가 차 무	노래하고 또 춤춰주오.

4 興
陟彼高岡하야 척 피 고 강	저 높은 산에 올라가
析其柞薪호라 석 기 작 신	참나무 땔감을 쪼갰네. 柞:참나무 작
析其柞薪호니 석 기 작 신	참나무 땔감을 쪼개니
其葉湑兮로다 기 엽 서 혜	그 잎이 무성하네. 湑:무성할 서
鮮我覯爾호니 선 아 구 이	내 당신 같은 이 만나기 어렵다 생각하니 覯:만날 구

我心寫兮로다 아 심 사 혜	내 마음이 자꾸 향하네. 寫:쏟을 사
5 高山仰止며 典 고 산 앙 지	높은 산을 우러러 보며
景行行止로다 경 행 행 지	큰 길을 간다네.
四牡騑騑하니 사 모 비 비	네 필의 수말이 달리고 달리니 騑:말 계속 달릴 비
六轡如琴이로다 육 비 여 금	여섯 고삐의 조화가 거문고 같네.
覯爾新昏이라 구 이 신 혼	당신과의 신혼을 우연히 만났으니
以慰我心호라 이 위 아 심	내 마음이 위로되네. 慰:위로할 위

| 소아 | 상호 | 5 | 225 | 青蠅 쉬파리 |

유왕이 참언을 좋아했으므로, 시인이 파리가 날아가는 소리로 참언을 비유하여 참언을 듣지 말 것을 경계시킨 시이다.

1
比

營營青蠅이여
영 영 청 승

앵앵거리며 나는 쉬파리여!

蠅 : 파리 승

止于樊이로다
지 우 번

울타리에 앉았네.

樊 : 울타리 번

豈弟君子는
개 제 군 자

화락하신 군자께선

無信讒言이어다
무 신 참 언

참언을 믿지 마오.

2
興

營營青蠅이여
영 영 청 승

앵앵거리며 나는 쉬파리여!

止于棘이로다
지 우 극

가시나무에 앉았네.

讒人罔極하야
참 인 망 극

참소하는 사람 끝이 없어

交亂四國이로다
교 란 사 국

사방의 나라 이리저리 어지럽히네.

3
興

營營青蠅이여
영 영 청 승

앵앵거리며 나는 쉬파리여!

止于榛이로다
지 우 진

개암나무에 앉았네.

榛 : 개암나무 진

讒人罔極하야
참 인 망 극

構我二人이로다
구 아 이 인

참소하는 사람 끝이 없어

우리 두 사람을 참소로 얽었네. 構:얽을 구

| 소아 | 상호 | 6 | 226 | **賓之初筵** 손님과 취하기 전엔 |

위衛나라 무공武公이 평소에 술을 좋아하였다. 술에 취한 뒤에 정신이 흐트러지고 예절이 무너짐을 뉘우치며 지은 시이다.

1
賦

賓之初筵에
빈 지 초 연

손님과 취하기 전 처음 자리엔

左右秩秩이어늘
좌 우 질 질

왼쪽과 오른쪽이 정연하게 줄지어 있어

籩豆有楚하며
변 두 유 초

대그릇과 나무그릇 줄지어 있고 楚:줄지은 모양 초

肴核維旅하며
효 핵 유 려

안주와 과일들 진열되며
核:씨 핵 旅:늘어설 려

酒旣和旨하야
주 기 화 지

술 이미 잘 익고 맛이 있어

飮酒孔偕로다
음 주 공 개

술의 예법 매우 잘 갖추었네.
偕:함께할 개(해)

鐘鼓旣設하야
종 고 기 설

종과 북 이미 설치하여

擧醻逸逸하며
거 수 일 일

손님에게 일일이(차례대로) 술잔 올리며 醻:잔 돌릴 수

大侯旣抗하고
대 후 기 항

큰 과녁 이미 설치하고
侯:과녁 후 抗:들어 올릴 항

弓矢斯張하니
궁 시 사 장

활과 화살 진열하니

射夫旣同이라 사 부 기 동	활 쏘는 사람이 이미 함께 짝을 맞추었네.
獻爾發功하야 헌 이 발 공	당신의 활 쏜 성적을 알려서
發彼有的하야 발 피 유 적	저 표적에 활을 발사하여 的 : 과녁 적
以祈爾爵이로다 이 기 이 작	당신의 벌주 잔을 기원하네.

2
賦

籥舞笙鼓하야 약 무 생 고	피리 들고 춤을 추며 생황 불고 북을 쳐서 籥 : 피리 약
樂旣和奏하니 악 기 화 주	음악 이미 조화로이 연주하니
烝衎烈祖하야 증 간 렬 조	공적에 빛나신 조상님께 바쳐 즐겁게 하여 衎 : 기뻐할 간
以洽百禮로다 이 흡 백 례	갖가지 예법 흡족하게 시행하네. 洽 : 넉넉할 흡
百禮旣至하니 백 례 기 지	갖가지 예법이 이미 지극하니
有壬有林이로다 유 임 유 림	그 절차 크고도 성대하네. 壬 : 클 임
錫爾純嘏하니 석 이 순 가	신께서 당신에게 큰 복을 내리시니 嘏 : 복 가
子孫其湛이로다 자 손 기 담	자손들 아마도 즐거우리. 湛 : 즐길 담, 편안할 담
其湛曰樂하니 기 담 왈 락	자손들이 즐겁고 즐거우니

各奏爾能이로다 각 주 이 능	각각 조상님께 당신의 능함 (잔)을 드리네.
賓載手仇어늘 빈 재 수 구	손님이 손수 술독에서 술을 떠 올리니 仇:술 따를 구
室人入又하야 실 인 입 우	유사有司가 또 들어가서 又:또 우(=復)
酌彼康爵하야 작 피 강 작	저 신 편히 모시는 술잔에 첨작하여 酌:술 따를 작
以奏爾時로다 이 주 이 시	때에 맞게 제사 올리네.

3 賦

賓之初筵엔 빈 지 초 연	손님이 처음 (취하기 전) 잔치엔 筵:자리 연
溫溫其恭이로다 온 온 기 공	온화하고 또 온화하여 공손하였네.
其未醉止엔 기 미 취 지	취하지 않았을 땐
威儀反反이러니 위 의 반 반	위의威儀가 예법을 되살피고 되살피더니
曰其醉止란 왈 기 취 지	그들이 취했을 땐
威儀幡幡이라 위 의 번 번	위의가 경솔하여 번번이 숭첩이 되어 幡:돌이킬 번
舍其坐遷하야 사 기 좌 천	제자리를 놓아두고 남의 자리 옮겨가
屢舞僊僊하나다 누 무 선 선	여러 번 너풀너풀 춤을 추네. 僊:춤출 선

其未醉止엔 기 미 취 지	취하지 않았을 땐
威儀抑抑이러니 위 의 억 억	위의가 삼가고 섬세하더니
曰旣醉止란 왈 기 취 지	이미 취하고 나선
威儀怭怭하니 위 의 필 필	위의가 무례하고 거만하니 怭 : 무례할 필
是曰旣醉라 시 왈 기 취	이것이 이미 취함이라
不知其秩이로다 부 지 기 질	자기의 차례를 모르네. 秩 : 차례 질(≒序)

4
賦

賓旣醉止라 빈 기 취 지	손님이 이미 취하여
載號載呶하야 재 호 재 노	곧 큰소리를 지르고 떠들며 呶 : 떠들 노
亂我籩豆하야 난 아 변 두	우리의 대그릇과 나무그릇 어지럽혀
屢舞僛僛하니 누 무 기 기	여러 번 비틀비틀 춤을 추니 僛 : 취하여 춤추는 모양 기
是曰旣醉라 시 왈 기 취	이것이 이미 취함이라
不知其郵로다 부 지 기 우	자기의 과실 모르네. 郵 : 과실 우
側弁之俄하야 측 변 지 아	피변皮弁이 옆으로 기울어져 側 : 기울 측 俄 : 기울어질 아

屢舞僛僛로다 / 누 무 사 사
여러 번 춤을 추어 그치지를 않네. 僛:취하여 춤추는 모양 사

旣醉而出하면 / 기 취 이 출
이미 취함에 잔치자리에서 떠나간다면

並受其福이어늘 / 병 수 기 복
함께 복을 받으련만

醉而不出하니 / 취 이 불 출
취하고도 나가지 않으니

是謂伐德이로다 / 시 위 벌 덕
이것을 덕을 해침이라 이르네.

飮酒孔嘉는 / 음 주 공 가
술 마시고도 아름다운 것은

維其令儀니라 / 유 기 령 의
오직 훌륭한 예의를 지키는 것이라오. 令:좋을 령

5 賦 凡此飮酒에 / 범 차 음 주
모든 술 마심에

或醉或否일새 / 혹 취 혹 부
혹 취하고 혹 취하지 않네.

旣立之監이요 / 기 립 지 감
이미 감사를 두고

或佐之史하나니 / 혹 좌 지 사
또 기록관 두어 보조하니

彼醉不臧을 / 피 취 부 장
저 취한 이의 좋지 않은 행동을

不醉反恥하나니라 / 불 취 반 치
취하지 않은 이가 도리어 부끄러워하네.

소아 상호 賓之初筵

219

式勿從謂하야 식 물 종 위	이 사람을 따라가 이르길
無俾大怠아 무 비 태 태	너무 태만하지 말라고 타이르지 않을 수 있을까?
匪言으란 勿言하며 비 언 물 언	말하지 말아야 할 것은 말하지 말며
匪由란 勿語하라 비 유 물 어	따르지 않아야 할 것은 이야기 마오.
由醉之言을 유 취 지 언	취해서 술주정을 하면
俾出童羖호리라 비 출 동 고	뿔 없는 염소를 바치게 하리라. 羖:검은 숫양 고
三爵不識어니 삼 작 부 지	세 잔 술에도 기억을 못하는데 識:기억할지
矧敢多又아 신 감 다 우	하물며 감히 또 더 많은 술 마실까? 矧:하물며 신

| 소아 | 상호 | 7 | 227 | 魚藻 마름풀에 있는 물고기 |

천자가 제후들에게 잔치를 베풀어 대접하니, 제후들이 천자를 칭송한 시이다.

1
興

魚在在藻하니
어 재 재 조

물고기 마름 풀 사이에 있으니 藻:마름풀 조

有頒其首로다
유 분 기 수

그 물고기 머리가 크네.
頒:머리클 분(반)

王在在鎬하시니
왕 재 재 호

왕께서 호경에 계시니

豈樂飮酒샷다
개 락 음 주

즐겁게 술을 마시시네.
豈:즐길 개

2
興

魚在在藻하니
어 재 재 조

물고기 마름 풀 사이에 있으니

有莘其尾로다
유 신 기 미

그 꼬리가 기네.
莘:긴 모양 신, 많을 신

王在在鎬하시니
왕 재 재 호

왕께서 호경에 계시니

飮酒樂豈샷다
음 주 락 개

술을 마시어 즐거우시네.
豈:현운으로는 '기'이다.

3
興

魚在在藻하니
어 재 재 조

물고기 마름 풀 사이에 있으니

依于其蒲로다
의 우 기 포

부들에 의지했네.
蒲:부들 포

王在在鎬하시니
왕 재 재 호

왕께서 호경에 계시니

有那其居샷다
유 나 기 거

그 거처 편안하시네.
那 : 편안할 나

| 소아 | 상호 | 8 | 228 | 采菽 콩을 땀 |

이것은 천자가 앞의 「어조魚藻」 시에 대해 답한 시이다.

1 **采菽采菽**은 따고 딴 콩을
興 채 숙 채 숙

筐之筥之로다 모난 광주리와 둥근 광주리에 담네. 筐:광주리 광
광 지 거 지

君子來朝에 군자(제후)가 와서 조회를 하니
군 자 래 조

何錫予之오 무엇을 선물할까?
하 석 여 지

誰無予之나 비록 줄 것은 없지만
수 무 여 지

路車乘馬로다 노거路車와 네 필의 말을 주었네.
노 거 승 마

又何予之오 또 무엇을 줄까?
우 하 여 지

玄袞及黼로다 검은 곤의와 도끼모양 수놓은 하의를 주었네. 黼:예복 보
현 곤 급 보

2 **觱沸檻泉**에 솟구쳐 오르는 저 샘에서
興 필 불 함 천 觱:용솟을 필 沸:샘솟는 모양 불

言采其芹호라 미나리를 캤네.
언 채 기 근 芹:미나리 근

君子來朝에 군자가 들어와 조회하니
군 자 래 조

言觀其旂호라 그 깃발을 보았네.
언 관 기 기
旂 : 깃발 기

其旂淠淠하며 그 깃발은 펄럭펄럭
기 기 폐 폐
淠淠 : 움직이는 모양, 움직일 폐

鸞聲嘒嘒하야 말의 옥방울은 달랑달랑
난 성 혜 혜
嘒 : 가락에 맞을 혜

載驂載駟하니 참마와 복마 네 필이니
재 참 재 사

君子所屆로다 군자가 이르는 행렬이라네.
군 자 소 계
屆 : 이를 계

3 赋 赤芾在股요 붉은 슬갑 허벅지를 덮었고
적 불 재 고
芾 : 슬갑 불

邪幅在下로다 행전이 그 밑에 있네.
사 복 재 하
邪幅 : 행전. 幅 : 행전 복(폭/핍)

彼交匪紓하니 저 사귐 느슨함이 없으니
피 교 비 서
紓 : 느슨할 서

天子所予로다 천자께서 하사하셨네.
천 자 소 여

樂只君子여 즐거운 군자여!
낙 지 군 자

天子命之로다 천자께서 명을 내리셨네.
천 자 명 지

樂只君子여 즐거운 군자여!
낙 지 군 자

福祿申之로다 복록을 거듭 주시네.
복 록 신 지
申 : 거듭 신

4 維柞之枝여
興 유 작 지 지

  其葉蓬蓬이로다
  기 엽 봉 봉

  樂只君子여
  낙 지 군 자

  殿天子之邦이로다
  전 천 자 지 방

  樂只君子여
  낙 지 군 자

  萬福攸同이로다
  만 복 유 동

  平平左右ㅣ
  변 변 좌 우

  亦是率從이로다
  역 시 솔 종

떡갈나무 가지여!
柞 : 떡갈나무 작

그 잎사귀 방실방실 무성하네.

즐거운 군자여!

천자의 나라를 안정시키네.
殿 : 안정시킬 전

즐거운 군자여!

만복이 모이는 바라네.

슬기롭고 훌륭한 신하들
주 : 다스릴 변(편/평)

또한 그를 뒤 따르네.

5 汎汎楊舟여
興 범 범 양 주

  紼纚維之로다
  불 리 유 지

  樂只君子여
  낙 지 군 자

  天子葵之로다
  천 자 규 지

  樂只君子여
  낙 지 군 자

둥실 둥실 떠있는 버드나무 배여!

동아줄로 묶어 매었네.
紼 : 동아줄 불   纚 : 맬 리

즐거운 군자여!

천자께서 헤아리시네.
葵 : 헤아릴 규

즐거운 군자여!

福祿膍之로다
복 록 비 지
복과 록을 두텁게 네리시네.
膍 : 두텁게 할 비

優哉游哉라
우 재 유 재
여유롭게 노님이여!

亦是戾矣로다
역 시 려 의
또 여기 이르렀네.
戾 : 이를 려

| 소아 | 상호 | 9 | 229 | 角弓 뿔장식 활 |

왕이 친척과 화목하지 못하고, 참소하고 아첨하는 이를 좋아하니, 종족과 인척들이 서로 원망함을 풍자한 시이다.

1 興

騂騂角弓이여
성 성 각 궁

잘 조율된 뿔장식 활이여!
騂 : 활의 조화된 모양 성(=騂)

翩其反矣로다
편 기 반 의

당겼다 놓으면 획 하고 다시 돌아가네. 翩 : 나부낄 편

兄弟昏姻은
형 제 혼 인

(동성의) 형제와 (타성의) 인척들은

無胥遠矣어다
무 서 원 의

서로 멀리 하지 마오.
胥 : 서로 서

2 賦

爾之遠矣면
이 지 원 의

당신이 형제와 인척을 멀리하면

民胥然矣며
민 서 연 의

친척(民 : 족인族人)들이 모두 그렇게 할 것이며 胥 : 모두 서

爾之敎矣면
이 지 교 의

당신이 가르치면

民胥傚矣리라
민 서 효 의

친척들이 서로 본받을 것이라오. 傚 : 본받을 효

3 賦

此令兄弟는
차 령 형 제

이 좋은 형제들은
令 : 착할 령

綽綽有裕어늘
작 작 유 유

너그럽고 너그러워서 여유가 있는데

不令兄弟는 불령형제	좋지 않은 형제들은
交相爲瘉로다 교상위유	돌아가며 서로 병들게 하네. 瘉 : 병들 유

4 賦

民之無良은 민지무량	착하지 못한 친척들은
相怨一方이니라 상원일방	서로 상대방을 원망하네.
受爵不讓하나니 수작불양	벼슬을 받아도 사양 않으니
至于已斯亡이로다 지우이사망	망함에 이르고야 말 것이라네.

5 比

老馬反爲駒하야 노마반위구	늙은 말 도리어 망아지 되어
不顧其後로다 불고기후	그 뒤를 돌아보지 않네.
如食宜饇어늘 여사의어	마치 밥 많이 먹었으니 배 부르련만 饇 : 배부를 어
如酌孔取로다 여작공취	술 몹시 마시는 것 같네.

6 比

毋教猱升木이어다 무교노승목	원숭이에게 나무 오르는 것 가르치지 마오 猱 : 원숭이 노
如塗塗附니라 여도도부	진흙에 진흙을 붙이는 것과 같네. 塗 : 진흙 도
君子有徽猷면 군자유휘유	군자에게 아름다운 도 있다면 徽 : 아름다울 휘 猷 : 길 유

	小人與屬이리라 소 인 여 속	소인들이 이어 따를 것이라 오. 屬:따를 속, 이을 속
7 比	雨雪瀌瀌나 우 설 표 표	눈비 퍼부어도 瀌:눈 퍼부을 표
	見晛曰消하나니라 견 현 왈 소	햇살 보면 사그러지네. 晛:햇살 현
	莫肯下遺요 막 긍 하 유	(소인들) 버리기를 즐겨하지 않고
	式居婁驕로다 식 거 루 교	놓아두어 더욱더 교만하게 만드네. 婁:여러 루(荀子에는 屢)
8 比	雨雪浮浮나 우 설 부 부	눈비 하늘에 가득 흩날려도
	見晛曰流하나니라 견 현 왈 류	햇빛 보면 흘러가네.
	如蠻如髦라 여 만 여 모	남쪽 오랑캐 같고 서쪽 오랑캐 같으니 髦:오랑캐 모(무)
	我是用憂호라 아 시 용 우	내 이를 근심하네.

| 소아 | 상호 | 10 | 230 | 菀柳 우거진 버들 |

제후가 조회를 하려다가, 왕이 포악하여 해를 입지 않을까 하여 조회하러 가지 않음을 한탄한 시이다.

1
比

有菀者柳에
유 울 자 류

우거진 버드나무 밑에

菀 : 무성할 울

不尙息焉가
불 상 식 언

쉬기를 바라지 않을까마는

上帝甚蹈(神)시니
상 제 심 도 (신)

상제께서 매우 슬퍼하시니

蹈 : 슬퍼할 도(≒悼), (『전국책』엔 神)

無自暱焉이어다
무 자 닐 언

스스로 (먼저) 가까이 하지 마오.

暱 : 친할 닐

俾予靖之나
비 여 정 지

나에게 (제후) 안정시키라 하시지만 靖 : 안정할 정

後予極焉이리라
후 여 극 언

뒤에 가면 내게 모든 것을 요구하시리.

2
比

有菀者柳에
유 울 자 류

우거진 버드나무 밑에

不尙愒焉가
불 상 게 언

쉬기를 바라지 않을까마는

愒 : 쉴 게

上帝甚蹈(神)시니
상 제 심 도 (신)

상제께서 매우 슬퍼하시니

蹈 : 언해본 발음 '신'(윗구절 同).

無自瘵焉이어다
무 자 제 언

스스로 병들게 하지 마오.

瘵 : 병들 제(채)

俾予靖之나
비 여 정 지

날 시켜 안정시키라 하시지만

後予邁焉이리라 후 여 매 언	뒤에 가면 지나친 것을 요구하시리. 邁:지날 매
3 有鳥高飛는 興 유 조 고 비	새가 높이 날아감은
亦傅于天이니라 역 부 우 천	또한 하늘에 이르려는 것이라네. 傅:이를 부
彼人之心은 피 인 지 심	저 사람의 마음은
于何其臻고 우 하 기 진	그 어디에 이를까? 臻:이를 진
曷予靖之리오 갈 여 정 지	어찌 내가 안정시킬 수 있을까?
居以凶矜이로다 거 이 흉 긍	한갓 흉하고 불쌍하게 될 뿐이라네. 居:한갓 거(≒徒) 矜:불쌍할 긍

소아 상호

菀柳

都人士什 二之八[9] (도인사, 이지팔)

1. 都人士 왕도의 훌륭한 인사
2. 采綠 조개풀을 뜯다
3. 黍苗 기장싹
4. 隰桑 습지의 뽕나무
5. 白華 들에 난 골풀
6. 緜蠻 꾀꼬리
7. 瓠葉 박잎
8. 漸漸之石 높고 험한 바위
9. 苕之華 능소화
10. 何草不黃 어느 풀인들 시들지 않으랴

---

9) 二之八 즉 '2의 8'이라고 한 것은, 앞의 2는 「소아」라는 뜻이고, 뒤의 8은 「소아」 중에 여덟 번째 편(「도인사」)이라는 것이다.

| 소아 | 도인사 | 1 | 231 | **都人士** 왕도의 훌륭한 인사 |

주나라가 어지러워져서, 다시는 주나라 도성에서 현명함과 위의를 갖춘 인물들을 볼 수 없음을 한탄한 시이다.

1 _賦

彼都人士여
피 도 인 사

저 왕도의 훌륭한 인사들이여!

狐裘黃黃이로다
호 구 황 황

여우가죽 옷의 색깔이 누렇게 빛나네.

其容不改하며
기 용 불 개

그 의젓한 모습 변함이 없고

出言有章하니
출 언 유 장

말을 함에 빛이 나니

行歸于周어든
행 귀 우 주

다니다가 호경鎬京으로 돌아가면

萬民所望이러니라
만 민 소 망

만민이 우러러 보았었네.

2 _賦

彼都人士여
피 도 인 사

저 왕도의 훌륭한 인사들이여!

臺笠緇撮이로다
대 립 치 촬

향부자 덩굴 삿갓에 검은 치포관을 썼소. 緇撮 : 치포관

彼君子女여
피 군 자 녀

저 군자의 딸들이여!

綢直如髮이로다
주 직 여 발

곧게 땋아 늘어뜨린 머리 자연스럽네. 綢 : 빽빽할 주

我不見兮라 아 불 견 혜	내 다시 이들을 볼 수 없으니
我心不說호라 아 심 불 열	내 마음 기쁘지 않네.

3 賦
彼都人士여 피 도 인 사	저 왕도의 훌륭한 인사들이여!
充耳琇實이로다 충 이 수 실	귀막이를 아름다운 옥돌로 막았네. 琇:옥돌 수
彼君子女여 피 군 자 녀	저 군자의 딸들이여!
謂之尹吉이로다 위 지 윤 길	윤씨와 길(吉,姞)씨의 딸이었네.
我不見兮라 아 불 견 혜	내 그들을 볼 수 없으니
我心苑結호라 아 심 운 결	내 마음 답답하게 맺혔네. 苑:울결할 운

4 賦
彼都人士여 피 도 인 사	저 왕도의 훌륭한 인사들이여!
垂帶而厲로다 수 대 이 려	큰 띠 드리워 늘어뜨렸네. 厲:큰 띠 늘어질 려
彼君子女여 피 군 자 녀	저 군자의 딸들이여!
卷髮如蠆로다 권 발 여 채	말아 올린 머리 전갈과 같네. 蠆:전갈 채
我不見兮호니 아 불 견 혜	내 그들을 볼 수 없으니

言從之邁호리라 언 종 지 매	본다면 내 그들을 따라가리.
5 匪伊垂之라 賦 비 이 수 지	늘어뜨린 것이 아니라
帶則有餘며 대 즉 유 여	큰 띠가 여분이 있음이요
匪伊卷之라 비 이 권 지	말아 올린 것이 아니라
髮則有旟로다 발 즉 유 여	머리가 바람에 휘날린 것이었네. 旟:휘날릴 여
我不見兮호니 아 불 견 혜	내 그들을 볼 수 없으니
云何盱矣오 운 하 우 의	어찌하면 볼까? 盱:쳐다볼 우

| 소아 | 도인사 | 2 | 232 | 采綠 조개풀을 뜯다 |

남편이 돌아오기를 기다리는 부인의 심정을 노래한 시이다. 유왕 때 잦은 정벌과 노역을 원망한 것이다.

1 賦

終朝采綠을
종 조 채 록

아침 내내 조개풀을 채취했건만
綠 : 조개풀 록

不盈一匊호라
불 영 일 국

한 웅큼도 채우지 못했네.
匊 : 움켜 뜰 국

予髮曲局하니
여 발 곡 국

내 머리 구겨져 뒤엉켰으니
局 : 말릴 국

薄言歸沐호리라
박 언 귀 목

잠깐 돌아가 목욕을 해야겠네.

2 賦

終朝采藍을
종 조 채 람

아침 내내 쪽풀을 채취했건만

不盈一襜호라
불 영 일 첨

앞치마 자락도 채우지 못했네.
襜 : 행주치마 첨

五日爲期호니
오 일 위 기

닷새를 기한으로 했건만

六日不詹호라
육 일 불 첨

엿새가 되어도 볼 수 없네.
詹 : 볼 첨

3 賦

之子于狩인댄
지 자 우 수

님께서 사냥을 가신다면

言韔其弓하며
언 창 기 궁

그 활을 활집에 넣어 드리며
韔 : 활집 창

之子于釣인댄
지 자 우 조

님께서 낚시를 하신다면

言綸之繩호리라 언 륜 지 승	낚시 줄을 꼬아드리리.
4 賦 其釣維何오 기 조 유 하	무엇을 낚으실까?
維魴及鱮로다 유 방 급 서	방어와 연어라네. 鱮 : 연어 서
維魴及鱮여 유 방 급 서	방어와 연어여!
薄言觀者로리라 박 언 관 자	잠깐 따라가 구경을 하려네.

| 소아 | 도인사 | 3 | 233 | 黍苗 기장싹 |

주나라 선왕宣王이 신백申伯을 사謝 읍에 봉하고, 소백召伯(소 목공召穆公)에게 성읍을 조성하도록 명하였다. 여기에 동원되어 따라갔던 사람이 공역을 무사히 마치고 돌아감을 칭송한 시이다.

혹은 유왕幽王이 불가능한 일을 시킴을 풍자한 시라고도 한다.

1
興

芃芃黍苗를
봉 봉 서 묘

무성하고 무성한 기장 싹을

陰雨膏之로다
음 우 고 지

장맛비로 기름지게 하네.

悠悠南行을
유 유 남 행

길고 긴 남쪽 행역을

召伯勞之로다
소 백 로 지

소백召伯께서 위로하시네.

2
賦

我任我輦이며
아 임 아 련

내 짐 내 가마에 싣고

任 : 짊어질 임

我車我牛라
아 거 아 우

내 수레 내 소에 맸네.

我行旣集하니
아 행 기 집

우리의 행역 이미 이뤘으니

蓋云歸哉인져
개 운 귀 재

아마도 돌아갈 것이라네.

3
賦

我徒我御며
아 도 아 어

우리 보병, 우리 기병!

我師我旅라 아 사 아 려	우리의 사단과 우리의 여단 병사들!
我行旣集하니 아 행 기 집	행역 이미 이뤘으니
蓋云歸處니라 개 운 귀 처	아마도 돌아가 편안히 살아 가리.

4
賦
肅肅謝功을 숙 숙 사 공	엄격하고 엄격한 사읍謝邑 공사를 功:공역工役의 일 공
召伯營之며 소 백 영 지	소백께서 다 경영해 하시고
烈烈征師를 열 렬 정 사	씩씩하고 씩씩한 정벌하는 군사의 일을
召伯成之로다 소 백 성 지	소백께서 이루셨네.

5
賦
原隰旣平하며 원 습 기 평	언덕 습지 이미 고르게 하였고
泉流旣淸하야 천 류 기 청	샘물 흐름 이미 맑아
召伯有成하니 소 백 유 성	소백께서 공을 이루시니
王心則寧이샷다 왕 심 즉 녕	왕의 마음 편하시리.

소아 도인사

黍苗

| 소아 | 도인사 | 4 | 234 | 隰桑 습지의 뽕나무 |

소인이 벼슬자리에 있고 군자는 야인이 되는 유왕 시절에, 훌륭한 군자를 섬기게 됨을 기뻐하는 시이다.

1 興

隰桑有阿하니
습 상 유 아

습지에 난 뽕나무 아름다우니 阿:아름다운 모양 아

其葉有難로다
기 엽 유 나

그 잎사귀 무성하네.
難:우거질 나

旣見君子호니
기 견 군 자

이미 군자를 보았으니

其樂如何오
기 락 여 하

그 즐거움이 어떠하오?

2 興

隰桑有阿하니
습 상 유 아

습지에 난 뽕나무 아름다우니

其葉有沃이로다
기 엽 유 옥

그 잎사귀 윤택하네.

旣見君子호니
기 견 군 자

이미 군자를 보았으니

云何不樂이리오
운 하 불 락

어찌 아니 즐거우랴?

3 興

隰桑有阿하니
습 상 유 아

습지에 난 뽕나무 아름다우니

其葉有幽로다
기 엽 유 유

그 잎사귀 검푸르네.
幽:검을 유

旣見君子호니
기 견 군 자

이미 군자를 보았으니

德音孔膠로다 덕 음 공 교	덕의 소리 매우 굳건하네. 膠 : 아교로 붙일 교
4 心乎愛矣어니 賦 심 호 애 의	마음으로 사랑하니
遐不謂矣리오마는 하 불 위 의	어찌 고백 못하랴만 遐 : 어찌 하
中心藏之어니 중 심 장 지	속마음에 감췄으니
何日忘之리오 하 일 망 지	어느 날인들 (군자를) 잊을 손가!

소아 도인사

隰桑

| 소아 | 도인사 | 5 | 235 | 白華 들에 난 골풀 |

주나라 유왕이 포사褒姒에게 미혹되어서 신후申后를 내쳤으므로, 신후가 골풀(포사)은 물에 담가야만 띠로 쓸 수 있지만, 띠풀(신후)은 자연적으로 깨끗하고 질겨서 곧바로 쓸 수 있는데 몰라본다고 한탄한 시이다.

1
比

白華菅兮어든
백 화 간 혜

들골풀 물 담가야 띠가 되고
白華 : 들 골풀 菅 : 물담근 골풀 간(관)

白茅束兮니라
백 모 속 혜

흰 띠풀은 (물 담글 필요없이) 묶으면 된다네.

之子之遠이라
지 자 지 원

(들골풀 때문에) 님 날 멀리하여

俾我獨兮아
비 아 독 혜

(흰 띠풀 같은) 날 홀로 만드시나?

2
比

英英白雲이
영 영 백 운

가볍고 밝은 흰 구름이

露彼菅茅니라
노 피 간 모

(본처와 첩의 차이를 두지 않고) 골풀과 띠풀에 이슬을 주었네.

天步艱難이어늘
천 보 간 난

시운時運이 힘들고 어려운데

之子不猶로다
지 자 불 유

님은 대책을 세우지 않으시네.

3
比

滮池北流하야
퓨 지 북 류

흘러가는 못 물은 북으로 흘러가서 滮 : 물 흐르는 모양 퓨

浸彼稻田하나니라
침 피 도 전

저 논밭에 물을 대네.

嘯歌傷懷하야 소 가 상 회	휘파람 불어 노래하며 마음을 태워
念彼碩人호라 염 피 석 인	저 크신 님 생각하네.

4
比
樵彼桑薪하야 초 피 상 신	저 뽕나무 섶 베어다가
卬烘于煁호라 앙 홍 우 심	내 화덕에 불을 때네. 卬:나 앙 烘:화톳불 홍 煁:화덕 심
維彼碩人이여 유 피 석 인	저 크신 님이시여!
實勞我心이로다 실 로 아 심	참으로 내 마음을 피곤케 하시네.

5
比
鼓鍾于宮이어든 고 종 우 궁	궁에서 종을 치면
聲聞于外하나니라 성 문 우 외	소리가 바깥으로 들리는 법이라네.
念子懆懆어늘 염 자 조 조	님 생각에 초조하고 불안한데 懆:불안할 조
視我邁邁아 시 아 매 매	날 보고도 돌아보지 않으시나? 邁邁:돌보지 않음

6
比
有鶩在梁이어늘 유 추 재 량	무수리(포사)는 어량에 있는데 鶩:무수리 추
有鶴在林이로다 유 학 재 림	학(신후)은 숲에 있네.(신후를 내침을 비유한 것이다)
維彼碩人이여 유 피 석 인	저 크신 님이시여!

	實勞我心이로다 실 로 아 심	참으로 내 마음을 피곤케 하시네.
7 比	鴛鴦在梁하니 원 앙 재 량	원앙새가 어량에 있으니 어량 : 통발을 놓아 고기 잡는 장치
	戢其左翼이로다 즙 기 좌 익	(서로 다정하게) 왼쪽 날개 접었네. 戢 : 거둘 즙(집)
	之子無良하야 지 자 무 량	님께서 선량함이 없어서
	二三其德이로다 이 삼 기 덕	마음과 행동 일정치 않으시네.
8 比	有扁斯石은 유 변 사 석	나지막한 돌은 扁 : 낮은 모양 변(편)
	履之卑兮니라 리 지 비 혜	딛는 이도 낮아진다네.
	之子之遠이여 지 자 지 원	님께서 날 멀리 하심이여!
	俾我疧兮로다 비 아 저 혜	날 병들게 하시네. 疧 : 앓을 저(기), 병이 많을 저(기)

| 소아 | 도인사 | 6 | 236 | 緜蠻 꾀꼴꾀꼴 |

미천한 사람이 어지러운 세상을 살면서, 자신을 꾀꼬리로 비유하여 의탁할 사람을 바라며 지은 시이다.
1장의 "緜蠻黃鳥 止于丘阿"가 『대학(전문 3장)』에 인용되었는데, '緜'이 '緡'으로 쓰였다.

1
比
緜蠻黃鳥ㅣ
면 만 황 조

꾀꼴 꾀꼴 우는 저 꾀꼬리

止于丘阿로다
지 우 구 아

언덕 굽은 곳에 그쳐있네.

道之云遠이니
도 지 운 원

길이 멀기도 하니
云 : 어조사 운

我勞如何오
아 로 여 하

나의 노고 어떠하리?

飮之食之며
임 지 사 지

어느 누가 마시게 하고 먹여 주며
飮 : 마시게 할 임

敎之誨之며
교 지 회 지

가르치고 깨우치며

命彼後車하야
명 피 후 거

저 뒤따르는 수레에 명하여

謂之載之아
위 지 재 지

태워주라 이르실까?

2
比
緜蠻黃鳥ㅣ
면 만 황 조

꾀꼴 꾀꼴 우는 저 꾀꼬리

止于丘隅로다
지 우 구 우

언덕 모퉁이에 그쳐있네.

豈敢憚行이리오 기 감 탄 행	어찌 (그분께) 다가감을 꺼릴까마는
畏不能趨니라 외 불 능 추	두려워서 달려가지 못하네.
飲之食之며 임 지 사 지	어느 누가 마시게 하고 먹여주며
教之誨之며 교 지 회 지	가르치고 깨우치며
命彼後車하야 명 피 후 거	저 뒤따르는 수레에 명하여
謂之載之아 위 지 재 지	태워주라 이르실까?

3 比

緜蠻黃鳥ㅣ 면 만 황 조	꾀꼴 꾀꼴 우는 저 꾀꼬리
止于丘側이로다 지 우 구 측	언덕 옆에 그쳐있네.
豈敢憚行이리오 기 감 탄 행	어찌 (그분께) 다가감을 꺼릴까마는
畏不能極이니라 외 불 능 극	두려워서 다가서지 못하네. 極 : 이를 극(늑조)
飲之食之며 임 지 사 지	어느 누가 마시게 하고 먹이며
教之誨之며 교 지 회 지	가르치고 깨우치며 誨 : 깨우칠 회
命彼後車하야 명 피 후 거	저 뒤따르는 수레에 명하여

謂之載之아
위 지 재 지

태워주라 이르실까?

소아 도인사

縣蠻

| 소아 | 도인사 | 7 | 237 | 瓠葉 박잎 |

향연을 베풀 때에 쓰는 노래이다.

1
賦
幡幡瓠葉을
번 번 호 엽

한들한들 나부끼는 저 박잎을

采之亨之라
채 지 팽 지

뜯어 삶았네.

亨 : 삶을 팽(늑烹)

君子有酒어늘
군 자 유 주

군자께서 술을 내시니

酌言嘗之로다
작 언 상 지

술을 따라서 맛을 보네.

2
賦
有兔斯首를
유 토 사 수

한 마리 토끼를 통째로

炮之燔之라
포 지 번 지

그을리고 구웠네.

君子有酒어늘
군 자 유 주

군자께서 술을 내시니

酌言獻之로다
작 언 헌 지

따라서 손님에게 드리네.

3
賦
有兔斯首를
유 토 사 수

한 마리 토끼 전부를

燔之炙之라
번 지 적 지

굽고 적 만들었네.

君子有酒어늘
군 자 유 주

군자께서 술을 내시니

酌言酢之로다 작 언 작 지	따라서 답잔을 드리네. 酢 : 술 돌릴 작(초)
⁴賦 有兎斯首를 유 토 사 수	한 마리 토끼를 통째로
燔之炮之라 번 지 포 지	굽고 그을렸네.
君子有酒어늘 군 자 유 주	군자께서 술을 내시니
酌言醻之로다 작 언 수 지	따라서 권하는 잔을 돌리네. 醻 : 잔 돌릴 수

소아 도인사

瓠葉

| 소아 | 도인사 | 8 | 238 | **漸漸之石** 높고 험한 바위 |

출정한 장수가 산 험하고 강 깊은 곳에 거처하면서, 그 노고를 감내하기 어려워서 지은 시이다.

1
賦

漸漸之石이여
삼 삼 지 석

높고 험한 바위여! 漸漸:험한 모양(=嶄嶄) 漸:높을 삼(참/점)

維其高矣로다
유 기 고 의

높기만 하네.

山川悠遠하니
산 천 유 원

산과 냇물 아득히 머니

維其勞矣로다
유 기 로 의

피로하기만 하네.

武人東征이여
무 인 동 정

무인이 동쪽으로 정벌함이여!

不遑朝矣로다
불 황 조 의

하루아침의 여가도 없네.

遑:겨를 황

2
賦

漸漸之石이여
삼 삼 지 석

높고 험한 바위여!

維其卒矣로다
유 기 졸 의

높고 험하기만 하네.

卒:높고 험할 졸(줄=卒=崔嵬)

山川悠遠하니
산 천 유 원

산과 냇물 길고 머니

曷其沒矣오
갈 기 몰 의

언제나 그 끝이 날꼬?

沒:다할 몰(=盡)

武人東征이여
무 인 동 정

무인이 동쪽으로 정벌함이여!

不遑出矣로다 불 황 출 의	(너무 깊어서) 나갈 겨를도 없네.
[3 賦] **有豕白蹢**하니 유 시 백 적	강돈(江豚)의 발굽 희니 蹢 : 발굽 적
烝涉波矣며 증 섭 파 의	(폭우 오기 전에) 무리로 물결을 건너고 烝 : 무리 증
月離于畢하니 월 리 우 필	달이 필성에 걸리니
俾滂沱矣로다 비 방 타 의	비가 어지럽게 퍼붓네. 천문점에 달과 필성이 만나면 폭우가 온다.
武人東征이여 무 인 동 정	무인이 동쪽으로 정벌함이여!
不遑他矣로다 불 황 타 의	다른 일을 할 겨를이 없네.

소아 도인사 漸漸之石

| 소아 | 도인사 | 9 | 239 | 苕之華 능소화 |

주나라가 쇠망하는 때를 당하여, 백성들이 고통과 어려움을 한탄한 시이다.

1 比
苕之華여
조 지 화

능소화의 꽃이여!
苕 : 능소화 조(초)

芸其黃矣로다
운 기 황 의

노랗게 활짝 피었네.
芸 : 성할 운

心之憂矣여
심 지 우 의

마음의 근심이여!

維其傷矣로다
유 기 상 의

오직 슬프기만 하네.

2 比
苕之華여
조 지 화

능소화의 꽃이여!

其葉青青이로다
기 엽 청 청

그 잎사귀 푸르고 푸르네. (이미 꽃이 져서 잎이 무성함)

知我如此런든
지 아 여 차

내 이 같음 알았다면 (화려했던 꽃이 이렇게 질 줄 알았다면)

不如無生이랏다
불 여 무 생

애초에 피어난 것만 못하네.

3 賦
牂羊墳首며
장 양 분 수

암양은 (수척하여) 머리만 크고
牂 : 암양 장 墳 : 클 분

三星在罶로다
삼 성 재 류

통발에는 세 별의 빛만 가득하네. 罶 : 통발 류

人可以食이언정
인 가 이 식

사람이 먹을 수는 있겠지만

鮮可以飽로다   배불리 먹는 일 어렵네.
선 가 이 포

| 소아 | 도인사 | 10 | 240 | 何草不黃 어느 풀인들 시들지 않으랴 |

주나라가 망할 무렵에 정벌과 부역이 그치지 않았다. 여기에 동원되어 나간 사람이 괴로워서 이 시를 지었다.

1
興
何草不黃이며
하 초 불 황

어느 풀인들 누렇게 시들지 않으며

何日不行이며
하 일 불 행

어느 날인들 가지 않으며

何人不將하야
하 인 부 장

어느 사람인들 행역 나가서

將 : 행역 장

經營四方이리오
경 영 사 방

사방을 경영하지 않을까?

2
興
何草不玄이며
하 초 불 현

어느 풀인들 검붉게 시들지 않으며

何人不矜이리오
하 인 불 환

어느 사람인들 홀아비가 아닐까? 矜 : 홀아비 환(긍)=鰥

哀我征夫ㅣ
애 아 정 부

슬프다! 우리 행역을 나간 사람이여!

獨爲匪民가
독 위 비 민

유독 우리만 백성이 아닌가?

3
比
匪兕匪虎어늘
비 시 비 호

들소도 아니요 호랑이도 아닌데 兕 : 들소 시

率彼曠野아
솔 피 광 야

저 빈 들을 따라 가나?

曠 : 들판 광

哀我征夫ㅣ 애 아 정 부	슬프다! 우리 행역 가는 사람은
朝夕不暇로다 조 석 불 가	아침저녁에도 (들에서 헤매느라) 겨를이 없네.

4 興

有芃者狐여
유 봉 자 호

꼬리 긴 여우여!
芃:꼬리 긴 모양 봉

率彼幽草로다
솔 피 유 초

저 우거진 풀숲을 따라가네.

有棧之車여
유 잔 지 거

나무 판을 대서 만든 짐수레여!
棧車:판자를 깔은 짐수레

行彼周道로다
행 피 주 도

저 큰 길을 따라가네.

소아 도인사 何草不黃

찾아보기(小雅)

『시경』「소아」의 모든 구절을 색인하였다. 하나의 시 안에 같은 구절이 있는 경우 맨 앞페이지만 기재하였다.

ㄱ

假寐永嘆 135	曷云其還 173	見睍曰流 229
家伯爲宰 116	曷云能穀 162	見睍曰消 229
家父作誦 104	坎坎鼓我 23	決拾旣佽 68
嘉我未老 168	監亦有光 159	罄無不宜 24
駕言徂東 67	甘瓠纍之 44	經營四方 168,256
駕言行狩 68	降喪饑饉 120	敬而聽之 150
豈矣能言 123	疆場有瓜 185	景行行止 212
豈矣富人 113	疆場翼翼 185	契契寤嘆 157
可以攻玉 79	降爾遐福 25	繼嗣我日 36
可以爲錯 78	降此鞠訩 102	高山仰止 212
可以履霜 157	降此大戾 102	鼓瑟鼓琴 12,177
駕彼四駱 14	蓋云歸哉 240	鼓瑟吹笙 11
駕彼四牡 30, 68,103	蓋云歸處 241	顧我復我 154
各敬爾身 122	介爾景福 175	高岸爲谷 115
各敬爾儀 132	去其螟螣 193	鼓鍾喈喈 176
各奏爾能 217	擧醻逸逸 215	鼓鍾伐鼛 177
問關車之舝兮 210	居以凶矜 231	鼓鍾送尸 182
曷其沒矣 252	居河之麋 143	鼓鍾于宮 245
曷予靖之 231	建旐設旄 68	鼓鍾將將 176
	建彼旄矣 33	鼓鍾欽欽 177
	乾餱以愆 23	孔棘且殆 123

258

共武之服	60	君婦莫莫	180	君子作歌	163
孔燕豈弟	50	君曰卜爾	26	君子作之	142
工祝致告	181	君子樂胥	203	君子之車	30
孔惠孔時	183	君子來朝	223	君子至止	74,195
螟蠃負之	132	君子婁盟	141	弓矢旣調	68
筐之筥之	223	君子萬年	196,205	弓矢斯張	215
皎皎白駒	85	君子秉心	137	睠睠懷顧	173
交交桑扈	133,203	君子不惠	138	卷髮如蠆	236
交亂四國	213	君子所屆	224	睠言顧之	156
交相爲瘉	228	君子所履	156	蹶維趣馬	116
巧言如流	123	君子所依	30	歸飛提提	134
巧言如簧	143	君子樹之	142	糾糾葛屨	157
驕人好好	149	君子是則	12	昀昀原隰	184
敎之誨之	247	君子信盜	141	克壯其猶	66
敎誨爾子	132	君子信讒	138	琴瑟擊鼓	189
求其友聲	21	君子如屆	103	今我來思	31
劬勞于野	72	君子如怒	141	今茲之政	110
九十其犉	97	君子如夷	103	今適南畝	188
構我二人	214	君子如祉	141	今此下民	114
具曰予聖	109	君子攸寧	94	及其蟊賊	193
鉤膺鞗革	64	君子維宴	209	及爾如貫	147
求爾新特	91	君子攸芋	93	矜矜兢兢	98
覯爾新昏	212	君子攸躋	93	矜此勞人	149
國旣卒斬	100	君子有酒	42,250	其角濈濈	97
國雖靡止	129	君子有之	198	豈敢定居	30
鞫爲茂草	135	君子有徽猷	228	豈敢憚行	248
羣黎百姓	26	君子宜之	198	其車旣載	111

其車三千	63	既伏其辜	120	既有肥牡	22
既見君子	35,49,	祈父	83	既有肥羜	22
	57,208,242	豈不爾受	149	其泣喤喤	95
既堅既好	193	豈不日戒	31	既夷既懌	104
既匡既敕	181	豈不懷歸	14,34,	其耳濕濕	97
其究安宅	73		173	豈伊異人	207
既克有定	108	既備乃事	192	其人如玉	86
其祁孔有	71	其飛戾天	65	既張我弓	71
既其女遷	149	期逝不至	37	既霑既足	185
其旂淠淠	224	飢成不遂	122	既庭且碩	192
既佶且閑	62	既成我服	60	豈弟君子	52,213
既多受祉	62	其實離離	52	既齊既稷	181
其湛曰樂	216	其心孔艱	144	旂旐央央	33,64
其大有顒	60	既安且寧	19	其釣維何	239
其德不爽	50	棄予如遺	152	既種既戒	192
其德不猶	177	其葉蓬蓬	225	其直如矢	156
其德不回	176	其葉湑兮	197,211	既差我馬	70
其毒大苦	172	其葉有難	242	既醉既飽	183
其桐其椅	52	其葉有沃	242	既醉而出	219
其樂如何	242	其葉有幽	242	跂彼織女	159
豈樂飲酒	221	其葉萋萋	36	其下維穀	79
其流湯湯	76	其葉青青	254	其下維蘀	78
既立之監	219	豈曰不時	116	既挾我矢	71
既微且尰	143	既往既來	157	吉蠲爲饎	25
其未醉止	217	其容不改	235	吉夢維何	94
既方既皁	192	既優既渥	185	吉甫燕喜	62
既伯既禱	70	其爲飄風	145	吉日庚午	70

吉日維戊	70	

ㄴ

亂離瘼矣	161	
南國之紀	162	
南山烈烈	155	
南山有栲	47	
南山有枸	48	
南山有杞	47	
南山有臺	46	
南山有桑	46	
南山律律	155	
南有嘉魚	44	
南有樛木	44	
男子之祥	94	
乃求千斯倉	190	
乃棄爾輔	111	
乃生男子	95	
乃生女子	95	
乃安斯寢	94	
乃占我夢	94	
乃寢乃興	94	
女轉棄予	151	
怒焉如擣	135	
寧莫我有	162	
寧莫之知	137	
寧莫之懲	77,109	
寧適不來	22	
寧或滅之	111	
勞人草草	149	
農夫克敏	190	
農夫之慶	189	

ㄷ

多且旨	42	
檀車幝幝	37	
亶其然乎	20	
亶不聰	83	
亶侯多藏	117	
湛湛露斯	51	
臺笠緇撮	235	
大邦爲讐	66	
大夫不均	168	
大人占之	94,99	
大田多稼	192	
帶則有餘	237	
大庖不盈	69	
大侯旣抗	215	
德音孔膠	243	
德音孔昭	12	
德音來括	210	
德音不已	47	
德音是茂	48	
滔滔江漢	162	
徒御不驚	69	
盜言孔甘	141	
道之云遠	247	
獨爲匪民	256	
彤弓弨兮	55	
東南其畝	184	
東有啓明	159	
東有甫草	68	
東人之子	158	
冬日烈烈	161	
得罪于天子	123	

ㄹ

樂爾妻帑	20	
樂酒今夕	209	
樂只君子	46,224	
樂且有儀	57	
樂彼之園	78	
亂未有定	103	
亂庶遄已	141	
亂庶遄沮	141	
鸞聲將將	74	
鸞聲嘒嘒	224	
鸞聲噦噦	74	
亂是用餤	141	
亂是用長	141	
亂是用暴	141	

261

亂我籩豆	218	ㅁ		蠻荊來威	66	
亂如此憮	140	莫高匪山	138	秣之摧之	206	
亂之又生	141	莫肯夙夜	121	忘我大德	152	
亂之初生	140	莫肯念亂	76	靺韐有奭	195	
來歸自鎬	62	莫肯用訊	122	每有良朋	19	
來方禋祀	194	莫肯朝夕	121	每懷靡及	16	
旅力方剛	168	莫肯下遺	229	緜蠻黃鳥	247	
令德來敎	210	莫不令德	52	勉爾遁思	86	
零露濃濃	50	莫不令儀	52	沔彼流水	76	
零露泥泥	50	莫非王臣	168	螟蛉有子	132	
零露湑兮	49	莫非王土	167	明明上天	172	
零露瀼瀼	49	莫如兄弟	18	鳴蜩嘒嘒	136	
路車乘馬	223	莫怨具慶	183	命彼後車	247	
路車有奭	63	莫浚匪泉	138	謀夫孔多	128	
老馬反爲駒	228	莫知其尤	162	謀欲譖言	149	
露彼菅茅	244	莫知其他	130	謀欲譖人	148	
鹿斯之奔	136	莫知我哀	31	謀猶回遹	127	
蓼蓼者莪	153	莫知我勩	121	謀之其臧	128	
燎之方揚	111	萬民所望	235	謀之不臧	128	
蓼彼蕭斯	49	萬邦爲憲	62	母兮鞠我	154	
屢顧爾僕	111	萬邦之屛	203	牧人乃夢	99	
屢舞僛僛	218	萬福來求	204	母敎猱升木	228	
屢舞傞傞	219	萬福攸同	51,225	無拳無勇	143	
屢舞僛僛	217	萬壽無疆	26,47, 180,187	無幾相見	209	
六月棲棲	59			無棄爾輔	111	
六月徂暑	161	萬壽無期	46	母金玉爾音	86	
履之卑兮	246	萬壽攸酢	181	無母何恃	154	

無木不萎	152	無啄我梁	88	民今方殆	108
無發我笱	139	無啄我黍	89	民今之無祿	113
無父母詒罹	96	無啄我粟	88	民莫不穀	134, 155,161
無不爾或承	27	無恒安息	175	民莫不逸	118
無父何怙	154	無恒安處	175	黽勉從事	117
無俾大息	220	無害我田穉	193	民胥然矣	227
無非無儀	96	文武吉甫	62	民胥傚矣	227
無思百憂	170	物其多矣	43	民雖未臁	129
無相猶矣	92	物其有矣	43	民言無嘉	101
無逝我梁	139	物其旨矣	43	民之無辜	107
無胥遠矣	227	勿罔君子	102	民之無良	228
無小人殆	102	勿替引之	183	民之父母	47
無信讒言	213	未見君子	34,207	民之失德	23
無言不疾	124	靡使歸聘	29	民之訛言	77,106
無淪胥以敗	130	靡所底止	83	民之質矣	26
武人東征	252	靡所止居	83	旻天疾威	120,127
無自暱焉	230	靡所止戾	121		
無自瘵焉	230	靡室靡家	28	**ㅂ**	
無將大車	170	微我不顧	22	薄伐西戎	35
無罪無辜	118,140	微我有咎	22	薄伐玁狁	60
無酒酤我	23	薇亦剛止	29	搏獸于敖	68
無集于榖	88	薇亦柔止	28	薄言觀者	239
無集于桑	88	薇亦作止	28	薄言歸沐	238
無集于栩	88	靡依匪母	135	薄言采芑	63
無忝爾所生	133	靡人不勝	108	薄言還歸	35
無草不死	152	靡瞻匪父	135	發明不寐	131
無浸穫薪	157	民具爾瞻	100		

發言盈庭	128	伐鼓淵淵	65	福祿如茨	195
髮則有旟	237	伐木掎矣	138	福祿宜之	205
發彼小豝	71	伐木于阪	23	僕夫況瘁	33
發彼有的	216	伐木丁丁	21	卜筮偕止	38
邦家之光	47	伐木許許	22	復我諸兄	89
邦家之基	46	凡今之人	18	覆怨其正	104
邦君諸侯	121	凡百君子	122,150	卜爾百福	181
魴鱧	42	汎汎楊舟	58,225	覆出爲惡	121
方茂爾惡	104	凡此飲酒	219	芃芃黍苗	240
方叔涖止	63	籩豆有踐	23	不可弭忘	77
方叔率止	63	籩豆有楚	215	不可與明	89
方叔元老	66	弁彼鷽斯	134	不可與處	89
邦人諸友	76	秉國之均	101	不可以籧篨	160
百堵皆作	72	并其臣僕	107	不敢告勞	118
百禮旣至	216	秉畀炎火	193	不敢不局	109
百僚是試	158	並受其福	219	不敢不蹐	109
白茅束兮	244	缾之罄矣	153	不敢暴虎	130
伯氏吹壎	147	保其家邦	196	不敢馮河	130
百川沸騰	115	保其家室	196	不敢戲談	100
白斾央央	61	保艾爾後	48	不騫不崩	26,98
百辟爲憲	203	報以介福	180	不見其身	145
白華菅兮	244	服其命服	64	不顧其後	228
百卉具腓	161	福祿旣同	196	不愧于人	145
幡幡瓠葉	250	福祿膍之	226	不求友生	21
番維司徒	116	福祿綏之	206	否難知也	146
燔之炙之	250	福祿申之	224	不寧不令	115
燔之炮之	251	福祿艾之	206	不稂不莠	193

弗慮弗圖	120	不憖遺一老	117	不遑出矣	253
不令兄弟	228	不宜空我師	102	不遑他矣	253
不離于裏	136	不以其漿	158	北山有杻	47
父母生我	107	不以其長	159	北山有萊	46
弗問弗仕	102	不以服箱	159	北山有李	47
不思舊姻	91	不入我門	144	北山有楊	46
不尚愒焉	230	不入唁我	144	北山有楰	48
不尚息焉	230	不自我先	107	賁然來思	86
不舒究之	138	不自我後	107	弗躬弗親	102
不成報章	159	不自爲政	103	紼纚維之	225
不屬于毛	136	不弔昊天	101	不知其郵	218
不輸爾載	112	不駿其德	120	不知其秋	218
不失其馳	69	不卽我謀	116	不知所屆	136
不我告猶	128	不戰不難	203	匪降自天	118
不我肯穀	88	不懲其心	104	俾躬處休	123
復我邦家	90	溥天之下	167	匪飢匪渴	210
復我邦族	88	不出于潁	170	匪其止共	141
復我諸父	89	不醉無歸	51	匪大猶是經	129
拊我畜我	154	不醉反恥	219	比物四驪	59
不如無生	254	不平爲何	101	俾民不寧	103
不如友生	19	父兮生我	154	俾民不迷	101
不盈一匊	238	不遑假寐	136	俾民心闋	103
不盈一襜	238	不遑啓居	28, 34	俾滂沱矣	253
不畏于天	122, 145	不遑啓處	13, 29	匪先民是程	129
不用其良	115	不遑將母	14	匪舌是出	123
不用其行	114	不遑將父	14	俾守我王	117
敷于下土	127	不遑朝矣	252	匪鶉匪鳶	163

匪兕匪虎	256	人		舍矢如破	69
俾我獨兮	244	師干之試	63	思我小怨	152
畀我尸賓	185	四國無政	115	使我心疚	157
匪莪伊蔚	153	使君壽考	183	四月維夏	161
匪莪伊蒿	153	四騏翼翼	63	寺人孟子	150
俾我疧兮	246	舍其坐遷	217	私人之子	158
俾我祇也	146	思孌季女逝兮	210	邪幅在下	224
匪陽不晞	51	四牡孔阜	67	舍彼有罪	120,138
匪言勿言	220	四牡痯痯	37	四黃既駕	69
俾言燕私	182	四牡騤騤	61	朔日辛卯	114
俾予靖之	230	四牡龐龐	67	湑言出涕	156
匪由勿語	220	四牡騑騑	13,212	山有嘉卉	162
匪伊卷之	237	四牡脩廣	60	山有蕨薇	163
俾爾多益	24	四牡業業	30	山川悠遠	252
俾爾單厚	24	四牡翼翼	31	山冢崒崩	115
匪伊垂之	237	四牡駸駸	30,59	三百維群	97
俾爾戩穀	24	四牡彭彭	168	三事大夫	121
匪載匪來	37	四牡項領	104	三星在罶	254
匪鱣匪鮪	163	四牡奕奕	68	三十維物	98
俾出童羖	220	四方是維	101	三爵不識	220
譬彼壞木	137	四方有羨	118	尚可載也	157
譬彼舟流	136	射夫既同	68,216	尚求其雌	137
鞞琫有珌	195	祀事孔明	179,186	嘗其旨否	190
賓既醉止	218	蛇蛇碩言	143	喪亂弘多	101
儐爾籩豆	19	死喪無日	209	喪亂既平	19
賓載手仇	217	死喪之威	18	象弭魚服	31
賓之初筵	215	似續妣祖	92	鱣鮞	42

裳裳者華	197	黍稷稻粱	191	城彼朔方	33
相怨一方	228	黍稷方華	34	歲亦莫止	28
相爾矛矣	104	黍稷或或	185	歲亦陽止	29
上帝甚蹈(神)	230	黍稷薿薿	188	歲聿云莫	173
上天同雲	184	析其柞薪	211	歲取十千	188
常棣之華	18	析薪杝矣	138	嘯歌傷懷	245
相彼鳥矣	21	錫我百朋	58	小大稽首	183
相彼泉水	162	昔我往矣	31,173	小東大東	156
相彼投兎	137	錫爾純嘏	216	召伯勞之	240
尚或墐之	137	昔爾出居	124	召伯成之	241
尚或先之	137	鮮可以飽	255	召伯營之	241
笙磬同音	177	遷徒囂囂	68	召伯有成	241
生我劬勞	153	鮮民之生	154	蕭蕭馬鳴	69
生我勞瘁	153	鮮我覯爾	211	笑語卒獲	180
生我百穀	185	鮮我方將	168	所謂伊人	85
生芻一束	86	先祖匪人	161	小人所腓	30
庶幾悅懌	208	先祖是皇	179,186	小人所視	156
庶幾有臧	209	先集維霰	209	小人與屬	229
西南其戶	92	設此旐矣	33	召彼故老	109
庶民弗信	102	聲聞于野	78	召彼僕夫	32
庶民采之	132	聲聞于外	245	蕨蕨方有穀	113
西柄之揭	160	聲聞于天	78	率場啄粟	133
鼠思泣血	124	成不以富	91	率土之濱	167
庶曰式臧	121	騂騂角弓	227	率彼曠野	256
瘨憂以痒	106	成是南箕	148	率彼幽草	257
西有長庚	160	成是貝錦	148	率彼中陵	77
西人之子	158	聖人莫之	142	瑣瑣姻亞	102

誰敢執其咎	129	雖則七襄	159	是謂伐德	219
壽考萬年	185	肅肅其羽	72	是以似之	199
壽考不忘	50	肅肅謝功	241	是以有慶矣	198
遂及我私	193	淑人君子	176	是以有侮	107
垂帶而厲	236	儵載南畝	192	視人罔極	147
雖無嘉殽	211	夙興夜寐	132	始者不如今	145
雖無德與女	211	隰桑有阿	242	釃酒有藇	22
誰無父母	76	習習谷風	152	釃酒有衍	23
誰無予之	223	隰有杞棟	163	是烝是享	186
雖無旨酒	211	承筐是將	11	視天夢夢	108
雖無好友	210	乘其四騏	63	視彼驕人	149
雖秉國成	103	乘其四駱	198	豺虎不食	150
受福不那	204	乘馬在廄	205	式歌且舞	211
受言囊之	56	升彼大阜	70	式居婁驕	229
受言藏之	55	咒魷其倈	204	式穀似之	132
受言載之	55	是究是圖	20	式穀以女	175
誰謂爾無羊	97	時萬時億	182	式勿從謂	220
誰爲此禍	144	視民不恌	12	式相好矣	92
雖有兄弟	19	是剝是菹	185	殖殖其庭	93
受爵不讓	228	視我邁邁	245	式食庶幾	211
誰適與謀	148	示我周行	11	食我農人	188
誰從作爾室	124	是曰既醉	218	食我場藿	85
獸之所同	70	是用不集	128	食我場苗	85
誰知烏之雌雄	109	是用作歌	14	食野之苓	12
受天百祿	25	是用孝享	25	食野之苹	11
受天之祜	186,203	施于松柏	207	食野之蒿	11
雖則劬勞	73	施于松上	208	式燕且譽	211

式燕且喜	210	實維在首	209	我馬旣同	67
式禮莫愆	181	實維豊年	99	我馬維駒	16
式訛爾心	105	實維何期	208	我馬維騏	16
式月斯生	103	室人入又	217	我馬維駱	17
式飲庶幾	211	深谷爲陵	115	我馬維駰	17
式夷式已	102	心焉數之	142	我聞其聲	145
矧敢多又	220	心亦憂止	29	我服旣成	60
神具醉止	182	心之憂矣	77,	我不敢傚	119
神嗜飲食	181		110,134,172,254	我不見兮	236
神其聽之	175	心乎愛矣	243	我事孔庶	173
神保是格	180	十月之交	114	我師我旅	241
神保是饗	179			我黍與與	178
神保聿歸	182	**ㅇ**		我成未定	29
薪是穫薪	157	我疆我理	184	我視謀猶	127
駪駪征夫	16	我車旣攻	67	我視謀猶	128
愼爾言也	149	我車我牛	240	我是用急	59
愼爾優游	86	我孔熯矣	181	我是用憂	229
矧伊人矣	21	我龜旣厭	128	我辰安在	136
訊之占夢	109	我覯之子	197	我心不說	236
神之弔矣	26	我躬不閱	139	我心寫兮	49,
神之聽之	21,175	我徒我御	240		197,212
信彼南山	184	我獨居憂	118	我心傷悲	13,
室家君王	95	我獨不敢休	118		31,36
室家溱溱	99	我獨不卒	155	我心憂傷	106,
實勞我心	245	我獨于罹	134		131,135
悉率左右	71	我獨何害	155,162	我心苑結	236
實維伊何	207	我勞如何	247	我心易也	146

我心則降	35	樂飢和奏	216	若此無罪	120
我心則休	58	鄂不韡韡	18	攘其左右	190
我心則喜	57	握粟出卜	133	楊柳依依	31
我蓺黍稷	178	顏之厚矣	143	諒不我知	147
我王不寧	104	卬烘于煁	245	楊園之道	150
我友敬矣	77	哀今之人	109,115	兩驂不猗	69
我友自逸	119	哀鳴嗷嗷	73	魚麗于罶	42
我有嘉賓	11,55	哀我小心	106	於焉嘉客	86
我庚維億	178	哀我人斯	107	於焉逍遙	85
我有旨酒	12	哀我填寡	133	魚潛在淵	78
我日構禍	162	哀我征夫	256	魚在于沼	112
我日斯邁	132	哀我憚人	157	魚在于渚	79
我任我輦	240	哀哀父母	153	魚在在藻	221
我田旣臧	189	哀哉不能言	123	於粲洒埽	22
我征徂西	172	哀哉為猶	129	抑此皇父	116
我從事獨賢	168	哀此惸獨	113	言觀其旂	75,224
我罪伊何	134	哀此鰥寡	72	言歸思復	91
我稷翼翼	178	嚶其鳴矣	21	言緡之繩	239
我倉旣盈	178	夜未央	74	鰋鯉	42
我瞻四方	104	夜未艾	74	言旋言歸	88
我出我車	32	夜如何其	74	言從之邁	237
我取其陳	188	夜鄉晨	75	言采其芹	223
我行其野	90	籥舞笙鼓	216	言采其杞	167
我行旣集	240	禴祠烝嘗	25	言采其杞	37,167
我行不來	30	躍躍毚兔	142	言采其蕫	91
我行永久	62	約軧錯衡	64	言采其蓫	90
樂具入奏	183	約之閣閣	93	言抽其棘	178

言就爾居	90	女心悲止	37	亦孔之固	24
言就爾宿	91	女心傷止	36	亦孔之邛	127
言報其弓	238	與我犧羊	189	亦孔之痛	118
殪此大兕	71	予王之爪士	83	亦孔之炤	112
如岡如陵	25	予王之爪牙	83	亦孔之哀	114,128
如鼓瑟琴	20	如月之恒	26	亦孔之將	106
如跂斯翼	93	如日之升	26	亦孔之醜	114
與其黍稷	194	如茨如梁	190	亦不我力	110
如幾如式	181	女子之祥	95	亦傅于天	231
如南山之壽	26	如酌孔取	228	亦不遑舍	146
如塗塗附	228	如霆如雷	66	亦匪克樂	112
如履薄冰	130	如鳥斯革	93	亦是戾矣	226
如臨深淵	130	如竹苞矣	92	亦是率從	225
如臨于谷	133	如坻如京	190	亦云可使	123
如蠻如髦	229	如輊如軒	61	亦已大甚	148
予髮曲局	238	予之佗矣	138	亦祇以異	91
如不我克	110	如集于木	133	亦集爰止	65
如不我得	110	如川之方至	25	燕笑語兮	49
如匪行邁謀	129	予忖度之	142	烈烈征師	241
如山如阜	25	如彼流泉	130	念國之爲虐	112
如相酬矣	104	如彼雨雪	209	念昔先人	131
如松茂矣	92	如彼行邁	122	念我獨兮	106, 113,173
如松柏之茂	26	如何昊天	121		
如矢斯棘	93	如或結之	110	念我無祿	107
如食宜饇	228	如或酬之	138	厭厭夜飮	51
予愼無辜	140	如翬斯飛	93	念子懆懆	245
予愼無罪	140	亦可息也	158	豔妻煽方處	116

念彼共人	172	王事傍傍	168	憂心惸惸	107
念彼不蹟	77	往城于方	33	憂心孔疚	29
念彼碩人	245	王心則寧	241	憂心孔疢	37
燁燁震電	115	王于出征	59	憂心悄悄	208
饁彼南畝	190,194	王于出征	60	憂心如惔	100
令德壽豈	50	王在在鎬	221	憂心如醒	103
永錫爾極	181	畏不能極	248	憂心烈烈	29
英英白雲	244	畏不能趨	248	憂心愈愈	107
營營青蠅	213	外禦其務	19	憂心慇慇	113
禮儀旣備	182	畏此簡書	34	憂心且悲	176
禮儀卒度	180	畏此譴怒	174	憂心且傷	176
禮則然矣	117	畏此反覆	175	憂心且妯	177
惡怒是違	103	畏此罪罟	173	憂心慘慘	112
五日爲期	238	喓喓草蟲	34	憂心悄悄	33
溫溫恭人	133	欲報之德	155	憂心忡忡	34
溫溫其恭	217	遇犬獲之	142	憂心奕奕	207
宛彼鳴鳩	131	于公先王	25	雨我公田	193
曰歸曰歸	28	又窘陰雨	111	憂我父母	37,167
曰其醉止	217	麀鹿麌麌	70	又有嘉殽	112
曰旣醉止	218	于三十里	60	楀維師氏	116
曰父母且	140	雨雪浮浮	229	優哉游哉	226
曰予不戕	117	雨雪雰雰	184	右之右之	198
往來行言	142	雨雪霏霏	31	于此中鄉	64
王命南仲	33	雨雪載塗	34	于此菑畝	63
王事多難	32	雨雪瀌瀌	229	于彼郊矣	32
王事靡盬	13,29,36,167	于誰之屋	108	于彼牧矣	32
		憂心京京	106	于彼新田	63

于彼原隰	16	爲岡爲陵	108	有頍者弁	207
于何其臻	231	爲鬼爲蜮	147	維其嘉矣	43
于何不臧	115	爲豆孔庶	180	維其高矣	252
又何予之	223	爲龍爲光	49	維其棘矣	32
于何從祿	108	爲賓爲客	180	維其勞矣	252
芸其黃矣	197,254	謂山蓋卑	108	維其傷矣	254
云不可使	123	謂我劬勞	73	維其時矣	43
云不我可	145	謂我來矣	32	維其令儀	219
云如之何	135	謂我宣驕	73	維其有章矣	197
云何其盱	146	爲猶將多	143	維其有之	198
云何不樂	242	威儀反反	217	維其忍之	137
云何盱矣	237	威儀幡幡	217	維其卒矣	252
菀彼柳斯	136	威儀抑抑	218	維其盡之	183
熊羆是裘	158	威儀怭怭	218	維其偕矣	43
爰居爰處	92	謂爾不信	149	有那其居	222
爰及矜人	72	爲俎孔碩	180	維南有箕	160
怨及朋友	123	謂地蓋厚	109	有洌氿泉	157
爰其適歸	161	謂之尹吉	236	維塵之恥	154
爰笑爰語	93	謂之載矣	32	有母之尸饔	84
原隰旣平	241	謂之載之	247	有饛簋飧	156
原隰裒矣	18	謂天蓋高	109	有聞無聲	69
鴛鴦于飛	205	有覺其楹	93	有頒其首	221
鴛鴦在梁	205,246	攸介攸止	188	維魴及鱮	239
員于爾輻	111	有捄棘匕	156	有芃者狐	257
爰有樹檀	78	猶求友聲	21	有北不受	150
元戎十乘	61	有捄天畢	160	維北有斗	160
月離于畢	253	維躬是瘁	123	維山崔嵬	152

273

維桑與梓	135	維以告哀	163	維風及雨	151
維常之華	30	維邇言是爭	129	維風及頹	151
惟石巖巖	100	維邇言是聽	129	維彼碩人	245
維水泱泱	195	維日不足	25	維彼愚人	73
有豕白蹢	253	有壬有林	216	有鶴在林	245
有芃其尾	221	維柞之枝	225	維號斯言	109
有實其猗	100	有棧之車	257	有晛其實	36
有鶖其領	203	有靦面目	147	有皇上帝	108
有鶖其羽	203	有鳥高飛	231	有懷二人	131
莠言自口	107	維足伎伎	137	維虺有蛇	94
有嚴有翼	60	有酒湑我	23	維虺維蛇	95
有渰萋萋	193	維酒食是議	96	六轡既均	17
維予與女	151	維周之氐	101	六轡如琴	212
維曰于仕	123	維塵冥冥	170	六轡如絲	16
維王之邛	142	維塵雝兮	171	六轡如濡	16
維憂用老	135	有集維鷮	210	六轡沃若	17,198
維禹甸之	184	維此六月	60	六日不詹	238
有菀其特	110	維此哲人	73	淪胥以鋪	121
有菀者柳	230	有瓊葱珩	65	尹氏大師	101
維熊維羆	94	維天有漢	159	允矣君子	69
幽幽南山	92	有杕之杜	36	駜彼飛隼	65,76
悠悠南行	240	有瀰者淵	136	戎車既駕	30
呦呦鹿鳴	11	有鷺在梁	245	戎車既安	61
悠悠我里	118	由醉之言	220	戎車既飭	59
悠悠斾旌	69	有兔斯首	250	戎車嘽嘽	66
悠悠昊天	140	有扁斯石	246	戎成不退	122
有倫有脊	109	維暴之云	144	飲御諸友	62

陰雨膏之	240	以其婦子	189,194	以燕天子	71
飲酒孔嘉	219	以其騂黑	194	以永今夕	85
飲酒孔偕	215	以祈爾爵	216	以永今朝	85
飲酒樂豈	221	而多爲恤	38	以往烝嘗	179
飲酒溫克	131	以莫不庶	24	爾勇伊何	143
飲酒之飫	19	以莫不增	25	爾牛來思	97
飲之食之	247	以莫不興	25	伊于胡底	128
飲此湑矣	23	爾牧來思	98	而月斯征	132
宜其遐福	205	爾不我畜	90	二月初吉	172
宜岸宜獄	133	以社以方	189	以慰我心	212
依于其蒲	221	二三其德	246	以爲酒食	179,185
狩于敖丘	150	爾牲則具	98	而有遯心	87
宜爾室家	20	以先啓行	61	詒爾多福	26
依彼平林	210	耳屬于垣	139	二人從行	144
宜兄宜弟	50	以速諸舅	22	以雌以雄	98
以介景福	179,194	以速諸父	22	以作六師	195
以介我稷黍	189	爾誰云從	144	以詛爾斯	147
爾居徒幾何	143	伊誰云憎	108	以定王國	61
以居徂向	117	以綏後祿	183	以佐天子	60
以啓其毛	186	以薪以蒸	98	爾酒旣旨	207
以穀我士女	189	以我覃邦	192	以奏膚公	60
爾公爾侯	86	以雅以南	177	以奏爾時	217
伊寡婦之利	194	以我齊明	189	爾之敎矣	227
以匡王國	59	以籥不僭	177	爾之亟行	146
以究王訩	104	爾羊來思	97	爾之安行	146
以極反側	147	以御賓客	71	爾之遠矣	227
以祈甘雨	189	以御田祖	189	以畜萬邦	105

以妥以侑	179	茬染柔木	142	牂羊墳首	254
以饗以祀	179	入則靡至	154	張仲孝友	62
以享以祀	194			載渴載飢	31
爾還而入	146	**ㄗ**		載飢載渴	29
爾殽既嘉	207	自古有年	188	載起載行	77
爾肴既阜	209	自昔何為	178	載弄之瓦	95
爾殽既時	208	子孫其湛	216	載弄之璋	95
爾殽既將	183	自詒伊戚	174	載離寒暑	172
以洽百禮	216	子子孫孫	183	載飛載鳴	132
益之以霢霂	184	自天子所	32	載飛載揚	77
人可以食	254	自何能穀	133	載飛載止	14,76
人知其一	130	作都于向	117	載輸爾載	111
人之齊聖	131	酌言嘗之	250	載是常服	59
人之好我	11	酌言醻之	251	載施之行	160
逸豫無期	86	酌言酢之	251	載衣之裳	95
日用飲食	26	酌言獻之	250	載衣之裼	95
日月告凶	114	作為此詩	150	在宗載考	51
日月方奧	174	綽綽有裕	227	載驂載駟	224
日月方除	173	作此好歌	147	載清載濁	162
一月三捷	30	酌彼康爵	217	載驟駸駸	14
日月陽止	36	潛逃于淵	163	載馳載驅	16
日有食之	114	潛雖伏矣	112	載沈載浮	58
壹者之來	146	將恐將懼	151	載寢之牀	95
一朝醻之	56	將母來諗	15	載寢之地	95
一朝右之	56	將伯助予	111	在彼空谷	86
一朝饗之	55	長我育我	154	在彼杞棘	52
一醉日富	131	將安將樂	151	在彼中陵	57

在彼中阿	57	征夫不遠	37	從其羣醜	70
在彼中沚	57	征夫適止	38	終其永懷	111
在彼豐草	51	征夫遑之	36	終善且有	190
載號載呶	218	政事愈蹙	174	終踰絶險	112
載翕其舌	160	正月繁霜	106	從以騂牡	186
杼柚旣空	157	鉦人伐鼓	65	終日七襄	159
赤芾金舄	68	正直是與	175	終朝采藍	238
赤芾在股	224	諸父兄弟	182	終朝采綠	238
趯趯阜螽	34	祭以清酒	186	終和且平	22
田車旣好	67	諸宰君婦	182	左右秩秩	215
展也大成	69	濟濟蹌蹌	179	左之左之	198
戰戰兢兢	130	題彼脊令	132	酒旣和旨	215
田祖有神	193	徂賚孝孫	181	周道如砥	156
田卒汚萊	117	照臨下土	172	周道倭遲	13
田畯至喜	190	鳥鳴嚶嚶	21	朱芾斯皇	64,95
殿天子之邦	225	朝夕不暇	257	周爰咨謀	17
節彼南山	100	朝夕從事	167	周爰咨詢	17
簟茀魚服	64	鳥鼠攸去	93	周爰咨諏	16
漸漸之石	252	助我擧柴	69	周爰咨度	17
整居焦穫	61	蔦與女蘿	207	舟人之子	158
靖共爾位	175	旐維旟矣	99	周宗旣滅	121
正大夫離居	121	佻佻公子	157	綢直如髮	235
庭燎有煇	75	朝宗于海	76	噂沓背憎	118
庭燎晣晣	74	修革冲冲	50	蠢爾蠻荊	66
庭燎之光	74	卒勞百姓	103	蹲蹲舞我	23
征伐玁狁	66	鐘鼓旣戒	182	中心藏之	243
征夫歸止	37	鐘鼓旣設	55,215	中心好之	56

中心貺之	55	至于涇陽	61	職爲亂階	143
中心喜之	55	止于丘阿	247	陳饋八簋	22
仲氏吹篪	147	止于丘隅	247	振旅闐闐	65
中原有菽	132	止于丘側	248	陳師鞠旅	65
衆維魚矣	99	至于芃野	172	疢如疾首	135
仲允膳夫	116	止于棘	213	盡瘁以仕	162
中田有廬	185	至于大原	62	辰彼碩女	210
烝衎烈祖	216	止于樊	213	疾用無枝	137
烝涉波矣	253	至于已斯亡	228	秩秩大猷	142
曾孫來止	189,194	止于桑	213	秩秩斯干	92
曾孫不怒	190	之子無良	246	執其鸞刀	186
曾孫壽考	186	之子不猶	244	戢其左翼	205,246
曾孫是若	192	之子于苗	68	執訊獲醜	35,66
曾孫田之	184	之子于狩	238	執我仇仇	110
曾孫之稼	190	之子于垣	72	集于中澤	72
曾孫之穡	185	之子于征	69	集于苞杞	14
曾孫之庾	190	之子于釣	238	集于苞栩	14
曾是不意	112	祇自疧兮	170	縶之維之	85
烝我髦士	189	祇自重兮	171	緝緝翩翩	148
曾我暬御	122	之子之遠	244	執爨踖踖	180
烝也無戎	19	祇自塵兮	170		
烝然來思	45	旨酒思柔	204	**ㄘ**	
烝然汕汕	44	旨且多	42	此令兄弟	227
烝然罩罩	44	旨且有	43	此邦之人	88
祇攪我心	146	職競由人	118	嗟我兄弟	76
之屏之翰	203	職勞不來	158	此有不斂穧	193
知我如此	254	織文鳥章	61	此有滯穗	194

嗟爾君子	175	天命不又	132	楚楚者茨	178
且以酌醴	71	天命不徹	119	樵彼桑薪	245
此日而微	114	天方薦瘥	101	摧之秣之	205
此日而食	115	天步艱難	244	萑葦淠淠	136
佌佌彼有屋	113	天保定爾	24	秋日淒淒	161
粲粲衣服	158	夭夭是椓	113	聚子內史	116
讒口囂囂	118	遷于喬木	21	築室百堵	92
憯莫懲嗟	101	天子葵之	225	祝祭于祊	179
斬伐四國	120	天子命我	33	蹙蹙靡所騁	104
僭始旣涵	140	天子命之	224	踧踧周道	135
讒言其典	77	天子所予	224	春日遲遲	35
讒言則退	123	天子是毗	101	出車彭彭	33
讒人罔極	213	天子之所	71	出言有章	235
慘慘日瘁	122	天之生我	136	出入腹我	154
倉庚喈喈	35	天之扤我	110	出自口矣	143
蒼天蒼天	149	徹我牆屋	117	出自幽谷	21
采薇采薇	28	瞻烏爰止	108	出此三物	147
采蘩祁祁	35	瞻彼洛矣	195	出則銜卹	154
采蕭穫菽	174	瞻彼中林	108	充耳琇實	236
采菽采菽	223	瞻彼中原	71	惴惴小心	133
采之亨之	250	瞻彼阪田	110	取其血膋	186
妻子好合	20	捷捷幡幡	149	吹笙鼓簧	11
萋兮斐兮	148	聽言則答	122	醉而不出	219
脊令在原	18	菁菁者莪	57	取彼譖人	150
陟彼高岡	211	涕旣隕之	138	側弁之俄	218
陟彼北山	37,167	涕零如雨	173	寔予于懷	151
泉流旣清	241	苕之華	254	雉之朝雊	137

哆兮侈兮	148
則具是違	128
則具是依	128
則無膴仕	102
則靡所臻	122
則不可得	147
則維其常	115
漆沮之從	70
浸彼稻田	244
侵鎬及方	61

ㅋ~ㅌ

噲噲其正	94
他山之石	78
他人有心	142
椓之橐橐	93
倬彼甫田	188
憚我不暇	173
嘽嘽焞焞	66
嘽嘽駱馬	13
迨我暇矣	23
擇三有事	117
擇有車馬	117
投畀豺虎	150
投畀有北	150
投畀有昊	150

ㅍ

播厥百穀	192
八鸞瑲瑲	64
翩其反矣	227
徧爲爾德	26
翩翩者鵻	13, 45
平平左右	225
蔽芾其樗	90
廢爲殘賊	162
廢徹不遲	182
炰鼈膾鯉	62
褒姒威之	111
炮之燔之	250
滮池北流	244
儦儦俟俟	71
飄風發發	155, 161
飄風弗弗	155
風雨攸除	93
彼交匪紓	224
彼交匪敖	204
彼求我則	110
彼君子女	235
彼都人士	235
彼路斯何	30
辟言不信	121
彼潾旐斯	33
彼月而微	114
彼月而食	115
彼有不穫穉	193
彼有遺秉	194
彼有旨酒	112
彼爾維何	30
彼人之心	231
彼譖人者	148
彼醉不臧	219
彼何人斯	143
彼昏不知	131
必恭敬止	135
畢來旣升	99
苾芬孝祀	181
觱沸檻泉	223
畢之羅之	205
苾苾芬芬	186

ㅎ

何辜于天	134
下菅上簟	94
下民之孽	118
何福不除	24
遐不眉壽	47
遐不謂矣	243
遐不黃耇	48
何蓑何笠	98
何錫予之	223

何用不監	100	赫赫南仲	33	胡俾我瘉	107
何人不矜	256	赫赫師尹	100	胡逝我梁	144
何人不將	256	赫赫宗周	111	胡逝我陳	145
何日忘之	243	奕奕寢廟	142	好是正直	175
何日不行	256	玄袞及黼	223	好言自口	107
何日斯沮	127	顯允君子	52	胡爲虺矣	110
何草不玄	256	顯允方叔	65	胡爲我作	116
何草不黃	256	鞘鞘佩璲	158	胡爲虺蜴	110
鶴鳴于九皐	78	絜爾牛羊	179	好爾無射	211
翰飛戾天	131,163	兄及弟矣	92	胡轉予于恤	83
閑之維則	60	兄弟孔懷	18	胡憯莫懲	116
偕偕士子	167	兄弟具來	208	昊天周極	155
行歸于周	235	兄弟求矣	18	昊天不傭	102
行道遲遲	31	兄弟急難	18	昊天不平	104
行有死人	137	兄弟飫具	19	昊天不惠	102
行彼周道	257	兄弟飫翕	20	昊天已威	140
行彼周行	157	兄弟無遠	23	昊天泰憮	140
享于祖考	186	兄弟匪他	207	浩浩昊天	120
獻酬交錯	180	兄弟甥舅	209	或降于阿	97
獻爾發功	216	兄弟鬩于墻	19	或羣或友	71
獻之皇祖	105	兄弟昏姻	227	或湛樂飲酒	169
玁狁孔棘	31	狐裘黃黃	235	或靡事不爲	169
玁狁孔熾	59	胡寧忍予	161	或剝或亨	179
玁狁匪茹	61	胡不相畏	122	或燔或炙	180
玁狁于襄	34	胡不自南	145	或負其餱	98
玁狁于夷	35	胡不自北	145	或不已于行	168
玁狁之故	28	胡不旆旆	33	或不知叫號	169

或肆或將	179	或黃或白	198	淮水湝湝	176
或栖遲偃仰	169	昏姻孔云	112	淮水湯湯	176
或聖或否	129	昏姻之故	90	會言近止	38
或肅或艾	130	鴻雁于飛	72	淮有三洲	177
或息偃在牀	168	和樂且湛	12,20	懷允不忘	176
或燕燕居息	168	和樂且孺	20	孝孫有慶	180
或王事鞅掌	169	和鸞雝雝	50	孝孫徂位	182
或耘或耔	188	禾易長畝	190	肴核維旅	215
或飲于池	97	還而不入	146	侯誰在矣	62
或以其酒	158	睆彼牽牛	159	侯薪侯蒸	108
或潛在淵	79	皇父卿士	116	後予極焉	230
或在于渚	78	皇父孔聖	117	後予邁焉	231
或佐之史	219	皇尸載起	182	侯栗侯梅	162
或盡瘁事國	168	況也永歎	19	卉木萋止	37
或慘慘劬勞	169	黃鳥黃鳥	88	卉木萋萋	35
或慘慘畏咎	169	遑脂爾車	146	麀之以肱	98
或哲或謀	130	皇皇者華	16	洽比其隣	112
或出入風議	169	遑恤我後	139	潝潝訿訿	128
或醉或否	219	喓喓其冥	94	興言出宿	174
或寢或訛	98	會同有繹	68	興雨祁祁	193

시를 지은 시기 연대표(作詩時世圖)

아래의 표는 예전부터 전해 내려온 것을 재구성한 것으로, 국풍 160수, 소아 80수, 대아 31수, 송 40수로 총 311수이다. 시가 지어진 시기는 상나라와 주나라이며 왕을 중심으로 정리되어 있다. 시대미상인 109수는 주로 동물이나 식물 등 자연물에 심정을 비유한 시로 지어진 시기를 가늠하기 어려운 것들이다.

商

	국풍	소아	대아	송(5)
太甲이후	·	·	·	那 / 烈祖 / 長發
祖甲이후	·	·	·	玄鳥 / 殷武

周

	국풍(23)	소아	대아	송
文王	周南 關雎 / 葛覃 / 卷耳 / 樛木 螽斯 / 麟之趾 / 桃夭 / 芣苢 兎罝 / 漢廣 / 汝墳 召南 鵲巢 / 采蘩 / 草蟲 / 采蘋 甘棠行露 / 羔羊 / 殷其雷 摽有梅 / 小星 / 江有汜 野有死麕 / 騶虞	·	·	·

	국풍(1)	소아(22)	대아	송(2)
武王	·	·	·	時邁 齎
武王이후	召南 何彼穠矣	鹿鳴 / 四牡 / 皇皇者華 常棣 / 伐木 / 天保 / 采薇 出車 / 杕杜 / 南陔 / 白華	·	·

| | | | 華黍 / 魚麗 / 由庚
南有嘉魚 / 崇丘 / 南山有臺
由儀 / 蓼蕭 / 湛露 / 彤弓
菁菁者莪 | |

	국풍(7)	소아	대아(18)	송(29)
成王	豳 七月 鴟鴞 / 東山 破斧 / 伐柯 九罭 / 狼跋	·	文王 / 大明 綿 / 棫樸 旱麓 / 思齊 皇矣 / 靈臺 下武 文王有聲 生民 / 行葦 既醉 / 鳧鷖 假樂 / 公劉 泂酌 / 卷阿	清廟 / 維天之命 維清 / 烈文 / 天作 我將 / 思文 / 臣工 振鷺 / 豐年 / 有瞽 潛 / 載見 / 有客 武 / 閔予小子 訪落 / 敬之 / 小毖 載芟 / 良耜 / 絲衣 酌 / 桓 / 賚 / 般
康王이후	·	·	·	昊天有成命 / 噫嘻
昭王이후	·	·	·	執競

	국풍(3)	소아(26)	대아(12)	송
厲王	·	·	民勞 / 板 / 蕩 桑柔	·
厲王이후		鴻雁 / 庭燎 / 沔水 鶴鳴 / 祈父 / 白駒 黃鳥 / 我行其野 斯干 / 無羊	·	·
宣王	鄘 柏舟	六月 / 采芑 / 車攻 吉日 / 黍苗	雲漢 / 崧高 / 烝民 韓奕 / 江漢 / 常武	
幽王	·	節南山 / 十月之交 小弁 / 何人斯	瞻卬 / 召旻	·

		巷伯 / 白華 苕之華 / 何草不黃			
幽王이후	衛	淇奧	正月 / 雨無正	•	
	鄭	緇衣	賓之初筵		

	국풍(33)	소아	대아(1)	송
平王	邶 柏舟 / 綠衣 / 日月 / 終風 衛 碩人 王 黍離 / 揚之水 鄭 叔于田 / 大叔于田 唐 揚之水 秦 小戎	•	抑	•
平王이후	王 君子于役 / 君子陽陽 中谷有蓷 / 兎爰 / 葛藟 采葛 / 大車 / 丘中有麻 唐 椒聊 秦 車鄰 / 駟驖 / 終南			
桓王	邶 燕燕 / 擊鼓 / 式微 旄丘 / 新臺 / 二子乘舟	•		•
桓王이후	鄘 牆有茨 / 君子偕老 / 鶉之奔奔	•		•

	국풍(16)	소아	대아	송(4)
莊王	齊 南山 / 敝笱 / 載驅 / 猗嗟			
釐王	唐 無衣	•	•	•
惠王	鄘 載馳 / 定之方中 蝃蝀 / 相鼠 / 干旄 鄭 清人			
惠王이후	•		•	駉 / 駜 泮水 / 閟宮
襄王	衛 河廣 秦 渭陽 / 黃鳥 曹 候人	•	•	
匡王이후	陳 株林			

	국풍(77)	소아(32)	대아	송
시대미상	邶 凱風/雄雉/谷風 鮑有苦葉/簡兮/泉水 北門/北風10)/靜女 鄘 桑中 衛 考槃/氓 竹竿/芄蘭/伯兮/有狐 木瓜 鄭 將仲子/羔裘/遵大路 女曰鷄鳴/有女同車 山有扶蘇/蘀兮/狡童 褰裳/丰/東門之墠 風雨/子衿/揚之水 出其東門/野有蔓草 溱洧 齊 鷄鳴/還/著 東方之日/東方未明 甫田/盧令 魏 葛屨 汾沮洳/園有桃/陟岵 十畝之間/伐檀/碩鼠 唐 蟋蟀/山有樞/綢繆 杕杜/羔裘/鴇羽 有杕之杜/葛生/采苓 秦 蒹葭/晨風/無衣 權輿 陳 宛丘/東門之枌 衡門/東門之池 東門之楊/墓門 防有鵲巢/月出/澤陂 檜 羔裘/素冠/隰有萇楚 匪風 曹 蜉蝣/鳲鳩/下泉	小旻/小宛 巧言/谷風 蓼莪/大東 四月/北山 無將大車 小明/鼓鍾 楚茨/信南山 甫田/大田 瞻彼洛矣 裳裳者華 桑扈/鴛鴦 頍弁/車舝 青蠅/魚藻 采菽/角弓 菀柳/都人士 采綠/隰桑 綿蠻/瓠葉 漸漸之石	•	•

10) 원문에는 없으나, 소속이 불분명하여 이곳에 넣었다.

언해본과 일반적인 음의 비교

쪽	한자	언해본(원음)
12	則	본받을 측(칙)
14,89	栩	상수리나무 호(허/후)
16	駪	많을 선(신)
21	嚶	새소리 앵(영)
44	纍	얽힐 류(루)
45,183,206	綏	편안할, 안심할 유(수)
50	泥	흠뻑젖을 녜(니)
57	菁	우거질 정(청)
59	驪	검은 말 리(려)
63,150,184,188	畝	이랑 묘(무)
75	煇	해무리 훈(휘)
76	鴥	빨리 날 휼(율)
83	厎	이를 지(저)
112	炤	밝을 작(소)
116	樛	성씨 구(우)
118	羨	여유로울 연(선)
129,140	膴	클 호(무)
130	艾	다스릴 예(애)
136	濔	많은 모양 녜(니)
143	馗	부을 흉(종)
147	詛	저주할 조(저)
148	哆	입 벌릴 차(치)
148	緝	모일 즙(집)
168	彭	성한 모양 방(팽)
170	疷	병들 민(저/기)

시경 2 소아

목차(80수)

- 일러두기 3
- 시경의 구성 5

1. 鹿鳴

鹿鳴 사슴 소리	11
四牡 네 마리의 수말	13
皇皇者華 찬란한 꽃	16
常棣 산앵두꽃	18
伐木 나무를 벰	21
天保 하늘의 보호	24
采薇 고사리를 캠	28
出車 전차를 출동하다	32
杕杜 아가위나무	36
南陔 남해	38

2. 白華

白華 백화(흰 꽃)	41
華黍 화서(기장 꽃)	41
魚麗 물고기가 잡히다	42
由庚 유경	43
南有嘉魚 강남의 맛진 고기	44
崇丘 숭구	45
南山有臺 남산의 향부자	46
由儀 유의	48
蓼蕭 다북쑥	49
湛露 방울방울 내린 이슬	51

2. 彤弓

彤弓 붉은 활	55
菁菁者莪 무성한 다북쑥	57
六月 유월	59
采芑 쓴 나물을 캠	63
車攻 튼튼한 전차	67
吉日 좋은 날	70
鴻雁 기러기	72
庭燎 정원의 횃불	74
沔水 넘실대는 물	76
鶴鳴 학이 울면	78

4. 祈父

祈父 기보	83
白駒 흰 망아지	85
黃鳥 꾀꼬리	88
我行其野 들에 나가니	90
斯干 물가	92
無羊 양이 없다 하는가	97
節南山 높이 솟은 남산	100
正月 정월(4월)	106
十月之交 시월이 되면	114
雨無正 제멋대로 내리는 비	120

5. 小旻　125

- 小旻 자애로운 하늘　127
- 小宛 작은 새　131
- 小弁 즐거운 갈가마귀　134
- 巧言 교묘한 참언　140
- 何人斯 누구인가?　144
- 巷伯 환관　148
- 谷風 동녘 바람　151
- 蓼莪 쑥쑥 크는 다북쑥　153
- 大東 동쪽의 큰 제후국　156
- 四月 사월　161

6. 北山　165

- 北山 북산　167
- 無將大車 큰수레 밀어주지 마오　170
- 小明 밝으신 하느님　172
- 鼓鍾 종치는 소리　176
- 楚茨 무성한 가시나무　178
- 信南山 믿음직한 남산　184
- 甫田 큰 밭　188
- 大田 넓고 큰 밭　192
- 瞻彼洛矣 낙수를 바라보니　195
- 裳裳者華 당당하고 화려한 꽃　197

7. 桑扈　201

- 桑扈 종달새　203
- 鴛鴦 원앙새　205
- 頍弁 고깔　207
- 車舝 수레 빗장　210
- 靑蠅 쉬파리　213
- 賓之初筵 손님과 취하기 전엔　215
- 魚藻 마름풀에 있는 물고기　221
- 采菽 콩을 땀　223
- 角弓 뿔장식 활　227
- 菀柳 우거진 버들　230

8. 都人士　233

- 都人士 왕도의 훌륭한 인사　235
- 采綠 조개풀을 뜯다　238
- 黍苗 기장싹　240
- 隰桑 습지의 뽕나무　242
- 白華 들에 난 골풀　244
- 緜蠻 꾀꼴꾀꼴　247
- 瓠葉 박잎　250
- 漸漸之石 높고 험한 바위　252
- 苕之華 능소화　254
- 何草不黃 어느 풀인들 시들지 않으랴　256

부록

- 찾아보기　258
- 작시연대표　283
- 언해본과 일반적인 음 비교　287